Lockdown

Die neue Normalität

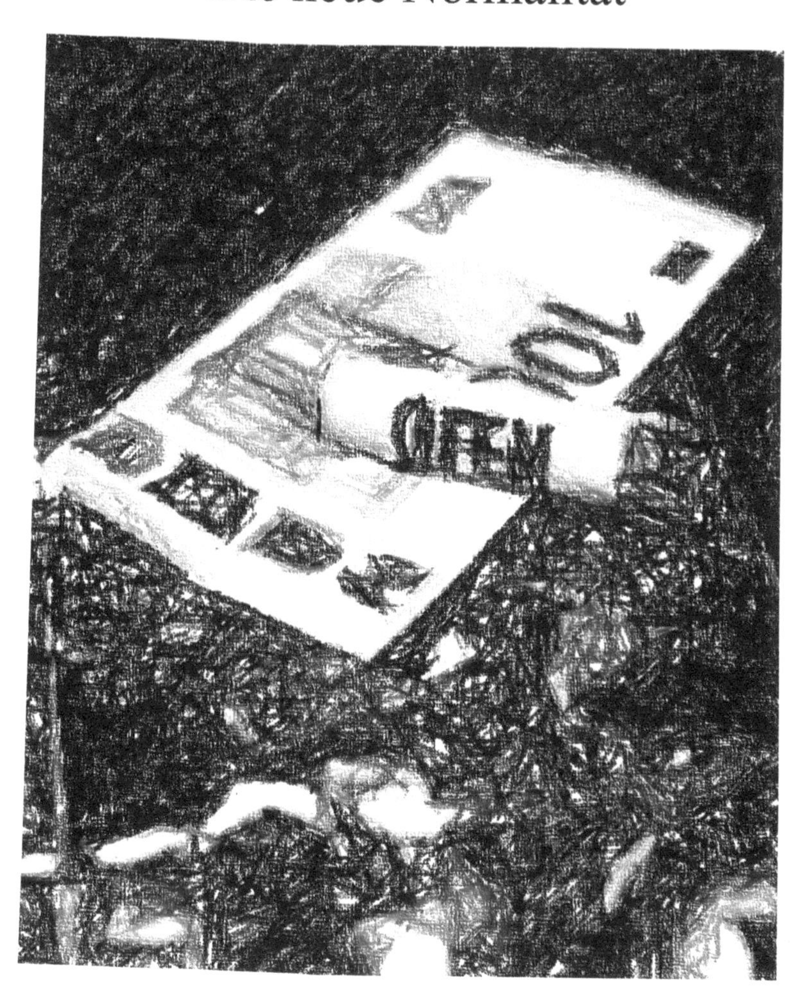

LOCKDOWN

DIE NEUE NORMALITÄT

Lockdown 1

Freunde

Viel zu schnell war der Tag vergangen. Viel zu schnell waren meine Freunde abgereist. Viel zu lange hatte der Lockdown gedauert. Jetzt war alles wieder beim Alten. Das dreimonatige Kontaktverbot zwischen uns war praktisch nicht mehr fühlbar. Normalität schien wieder einzukehren.

Lange vorher hatte ich mir vorgenommen, ihn wieder zu treffen. Ich hatte meinen Freund vermisst. Bereits vor vielen Jahren hatte er mich in einem Zug verführt.

„Du bist schwach!", rief er mir vom Balkon aus zu. Bin ich das?, fragte ich. Stille. Ich fühlte mich machtlos. Zwar konnte ich mich mit verschiedenen Zielen ablenken, wusste es aber insgeheim immer: Unser Kontakt würde nie abbrechen.

Die ganze Zeit über war er bei mir gewesen: in meiner Wohnung; in seinem Versteck. Er wartete auf die erste Gelegenheit herauszukommen. Diese war nun gegeben: Der Lockdown war vorbei. Ich hatte es mir bewiesen.

Viel zu schnell war der Abend angebrochen. Viel zu schnell waren meine Freunde zurückgekehrt. Dabei war der Besuch von zweiterem nicht einmal geplant gewesen. Gerade war die Sonne dabei unterzugehen. Da machte jemand den Vorschlag. Sollten wir ihn anrufen? Stille. Plötzlich waren alle von der Idee begeistert. Im Eilzugstempo holten wir seine Karte und ein breites Smartphone heraus: Er kam.

Von jenem Moment an beschleunigte sich mein Zeitempfinden. *„Nur zwei links und zwei rechts"*, sagte er immer wieder. Na, wenn du das meinst, antwortete ich. Meine Augen glänzten rot. Zu gut war das Gefühl. Es kribbelte. Immer wieder gab ich meinem Trieb nach. Immer wieder ließ ich mir seine Worte durch den Kopf gehen. Zwei-, oft sogar dreimal.

„Komm, gehen wir hinaus und machen es uns gemütlich!", rief mir mein anderer Freund vom Balkon aus zu. Ich komme gleich, sagte ich voller Vorfreude, während ich noch mit Sven sprach. Ich saß in meinem Arbeitszimmer. Stille. Abwechselnd starrte ich auf ein leeres Blatt und meinen Laptop. Es war bereits 04:20 Uhr. Realität: Sie holte mich ein. Ich begann, mich mit der Vorstellung abzufinden; würde heute keinen Bestseller mehr fertigstellen.

Ich fasste infolgedessen einen Beschluss; würde es für heute gut sein lassen. Stille. Leichte Reue machte sich bemerkbar. Wieder ging ich auf den Balkon hinaus; wollte es mir nicht eingestehen. Es kribbelte.

„Lass uns noch etwas wach bleiben", sagte er. Muss das wirklich sein?, fragte ich geschlaucht. Ich hatte mich gerade ins Bett gelegt, brauchte Schlaf. Es war nicht möglich.

Gackern. Die Hühner der Nachbarschaft signalisierten es: Der Tag hatte begonnen. Die Sonne bahnte sich ihren Weg über die Äcker Obergreiths. Schafe der Nachbarschaft begannen, die Wiesen zu mähen.

Viel zu lange hatte der Lockdown gedauert. Viel zu schnell war der Tag angebrochen. Viel zu lange hatte ich meine Freunde nicht gesehen.

Randstein

Der Lockdown war vorbei. Das normale Leben kehrte wieder ein. Der Kontakt zu meinen Freunden war wieder hergestellt. Aus der Ausnahme wurde wieder die Regel. Die Ausnahme war immer die Regel.

Der Wecker läutete um 05:00 Uhr. Lustlosigkeit. Ich war müde; wollte nicht aufstehen. Disziplin. Ich tat es dennoch. Oder war es mein Gewissen?

Schließlich betrat ich das Wohnzimmer. Dort hörte ich ihn bereits flüstern: *„Komm her, ich muss dir etwas erzählen."* Keine Chance, sagte ich mir gedanklich. Eine Unterhaltung mit ihm hätte das Ende für diesen von Morgensonne erleuchteten Frühlingstag bedeutet. Sie siegte.

Sechs Tage war es nun her. Meine Vornahmen hatten sich in dichtem Rauch aufgelöst. Reue. Es sollte nicht mehr so weit kommen. Jedoch war das Gefühl gut. Ich sprach gerne mit ihm. Zu lange hatten wir Kontaktverbot. Zu lange hatte diese neue Normalität schon angedauert.

Meine Ausbildung wäre eigentlich schon abgeschlossen gewesen. Vielleicht hätte ich bereits einen Job gefunden; Pandemie sei Dank nicht. Für unbestimmte Zeit ließ die Regierung keine institutionellen Prüfungen mehr stattfinden. Ich hatte den ganzen Tag bis auf Abruf für mich zur Verfügung: Corona.

Schleppend bewegte ich mich hinaus. Ich wollte eine Runde um Wetzelsdorf spazieren; liebte diesen Ort. Aufgrund der Betriebsschließungen hielt sich der Autoverkehr immer noch in Grenzen. Ich konnte die Luft bedenkenlos einatmen. Deshalb ging ich etwas weiter als sonst.

Ablenkung. Müde trabte ich den Weg entlang. Bald würde es soweit sein. Der Vormittag war fast zu Ende. Sie begann zu bröckeln.

Zu Hause angekommen, lenkte ich mich noch etwas ab, öffnete meinen Laptop. Lange vorher hatte ich den positiven Effekt von Bewegung auf meine Schreibfähigkeiten bemerkt. Auch wenn ich keinen konkreten Plan für ein Schriftstück hatte: Ich schrieb, was mir in jenen Momenten einfiel. Meine Zeit würde schon noch kommen.

Als ich die erste mir vorgenommene Schreibeinheit beendet hatte, hörte ich ihn wieder: *„Gut gemacht. Jetzt hast du dir aber eine Belohnung verdient, also komm zu mir."* Wohnzimmer. Nein, dachte ich noch selbstbestimmt genug. Warum kannst du mich nicht in Ruhe lassen?, fragte ich. Sie bröckelte weiter: Schwäche.

Inzwischen war es Mittag geworden. Hunger. Er machte sich bemerkbar. Essen. Währenddessen las ich die aktuellsten Schlagzeilen. Neben mir lief das Radio: Corona, Infektionen, Tote, zu Hause bleiben. Alptraum. Mir wurde schlecht. Ich drehte das Radio leiser, jedoch nicht ab.

Dann eine Entscheidung: Ich würde mich eine halbe Stunde schlafen legen. Meine nächste Aufgabe würde anstrengend werden. Müdigkeit. Überlegung. Dann gab ich nach. Ich habe es mir schließlich verdient, sagte ich mir überzeugt und ging auf die Terrasse. Sie war gebrochen.

Nach einem kurzen, das Gestrige wiederholende, Gespräch wurden meine Augenlider wie erwartet schwerer. Ich ging in mein Wohnzimmer. Vorfreude. Ich legte mich auf die Couch, stellte einen Wecker: 45 Minuten. Dann drehte ich mich in eine gemütliche Position. Zuletzt schloss ich die Augen. Ich wartete; der Sandmann sollte bald eintreffen.

Zuerst lag ich auf meiner linken Körperseite. Verspannung; Nacken. Ich drehte mich auf die rechte Seite. Auch nicht. Ich zog die Hände unter dem Kopfpolster hervor, legte sie über diesen: 15 Minuten. Endlich fand ich eine gemütliche Position. Die Vorstellung des Einschlafens rückte näher. Ich fühlte es. Plötzlich bemerkte ich eine lästige laute Fliege. Summend wirbelte sie vor meinem Kopf herum. Verpiss dich!, schrie ich. Immer wieder berührte sie mein Gesicht. Ich vertrieb sie. Sie kam wieder. Immer ging es von vorne los.

Wieder 15 Minuten. Nervös blickte ich auf meine Uhr: Mein Wecker würde bald zu prellen beginnen. Bob. Ich hörte ihn wieder: *„Verschiebe doch deine Laufeinheit und lass uns stattdessen noch einmal miteinander sprechen. Du hast dich heute schon genug angestrengt"*, schlug er vor.

Keine Chance, sagte ich überzeugt. Disziplin. Schließlich gab ich die Hoffnung auf. Mit Mühe rollte ich mich von der Couch hinunter, begab mich in die Küche.

Der Kaffee rann langsam in die Tasse. Ich gestand es mir ein: Ich hatte keine Lust, fühlte mich müde. Disziplin. Keine Ausreden: Ich musste es tun.

Pflichtbewusst zog ich mir mein Laufgewand an. Dann spülte ich zwei Mozartkugeln mit Kaffee meinen Gaumen hinunter. Und letztendlich ging ich aus meiner Wohnung hinaus. Sie baute sich langsam wieder auf. Ich lief in Richtung Eggenberg los.

Schon zu Beginn ging es schleppend voran. Auch bereitete mir mein rechter Fuß Probleme. Immer wieder blieb er am Boden hängen, machte mir das Übersteigen schwer. Auch das Anheben erforderte starke Konzentration. Meine Geschwindigkeit war dementsprechend niedrig. Jedoch bewegte ich mich nach vorne. Gedankenlosigkeit. Ich schaltete in den Automatik-Modus.

Nach rund 30 Minuten Laufzeit änderte sich einiges. Plötzlich kam die seit Beginn des Monats verlorene Motivation doch noch zu mir. Ich war nun sogar bereit, den Lauf mit einer neuen Bestzeit abzuschließen. Nach und nach steigerte ich das Tempo. Unfallkrankenhaus Eggenberg: Ich passierte es im Eilzugstempo. Das Gefühl war gut; ich bewegte mich nach vorne.

Menschen. Lächeln. Aufbauende Gesten. Schnaufen. Endorphine. Zeitlupe: Der Film wurde langsamer.

Gegenwind: Er blies mir ins Gesicht. Mein Puls war auf 175 Schläge pro Minute gestiegen. Ich sah es bereits vor mir: Endziel – Wetzelsdorfer Straße. Nur noch 100 Meter Entfernung. Ich raste. Vorfreude. Glücksempfinden. Noch einmal drückte ich aufs Gas. Dann Schnitt.

Randstein. Freier Fall. *„Ich habe es dir doch gesagt.“*

Belohnung

Das Training war abgeschlossen. Freude. Ich war auf dem Weg nachhause. Kurz vor Eintritt in die Wohnung hörte ich ihn rufen: *„Komm, du hast dir eine Belohnung verdient!"* Bald mein Freund, sagte ich vor Glück strotzend. Er hatte recht: Ich hatte mir eine Belohnung verdient. Es war schließlich Sonntag. Das Soll war erledigt. Der Tag des Herren konnte beginnen.

Tag des Herren – wie ich diesen doch zu lieben gelernt hatte. Seit meinem Umzug nach Graz. Die Anfangszeit in der Stadt war geprägt von Sonntagen mit meinem Freund. Zur Pflicht wurde es, ihn oft schon nach dem Öffnen der Augen anzurufen. An Sonntagen führten wir besonders lange und tiefgehende Unterhaltungen.

Der Lockdown war vorbei, die Distanzierungsregeln waren aufgehoben. Ich konnte es mir wieder ab und an erlauben. Dieses Ab und An geschah jetzt schon den zehnten Tag in Folge. Es war gemütlich. Belohnung: Ich hatte mir eine solche verdient. Er rief praktisch immer nach mir.

Das war nicht der Plan; wollte es nicht wieder übertreiben. Jedoch gab es nun neue Spielregeln. Was interessierte mich, was ich gestern gesagt hatte? Zu gut konnte ich mich an das Ende von 2019 erinnern. Was hatte ich damals doch alles für Pläne? Und nun? *Neue Normalität* nannten sie es. Politiker. Menschenmüll.

„Komm kurz raus, ich muss dir etwas erzählen", sagte er. Ich starrte durch die offene Terrassentür. Ich komme!, rief ich voller Vorfreude.

Das Training war hart gewesen. Immer noch hatte ich meine Kraft nicht wieder hergestellt. Der Lockdown hatte auch körperliche Spuren hinterlassen. Um meinen Körper kümmerte ich mich regelmäßig. Mein Geist hingegen blieb auf der Strecke; brauchte noch etwas Zeit. Mein Freund gab ihm diese. Pff pff, dann zurück ins Wohnzimmer. Schließlich genoss ich den Nachmittag auf der Couch.

Am Abend kamen mich meine Eltern besuchen: Es war Muttertag. Ich beschloss, meiner Mama einen angenehmen solchen zu bereiten; löste mich kurzzeitig von meinem Freund. Gemeinsam grillten wir auf der Terrasse. Genauer: Mein Vater grillte und meine Mutter reinigte das Geschirr. Ich aß. Danach eine zügige Unterhaltung mit meinem Freund. Aus irgendeinem Grund mochte meine Mutter ihn nicht.

Die vorige Nacht war sehr anstrengend für mich gewesen. Auch mein anderer Freund zog schnell herbei. Und fehlender Schlaf wirkte sich nie gut auf meine Stimmung aus.

Am Ende gab ich meinen Eltern jeweils eine feste Umarmung. Ich sagte ihnen, dass ich sie lieben würde. Winkend verabschiedeten wir uns. Meiner Mutter sah ich noch einmal tief in die Augen: Gewissen? Sprach es mit mir?

„Endlich geschafft. Komm her, ich muss dir etwas erzählen", rief er mir von der Terrasse aus zu. Was denn?, fragte ich neugierig.

Wieder war ich alleine mit ihm. Wieder wollte er mit mir sprechen. Der Lockdown war vorbei. Das normale Leben hatte wieder begonnen. Und ich hatte mir schließlich eine Belohnung verdient.

Verdrängung

„Komm kurz auf die Terrasse!“, rief er, als ich meine Wohnung betrat. Ich komme!, rief ich mit langer Betonung zurück. Glücksgefühle. Er hatte recht. Eine halbe Stunde hatten wir schließlich.

Ich gab meine guten Vorsätze daher auf; ging sehnsüchtig zu ihm. Warum? Erstens hatten wir schon Freitag. Zweitens hatte ich gerade einen phänomenalen Lauf hinter mich gebracht. Noch vor dem Ausziehen meiner verschwitzten Sporthose ging ich auf die Terrasse.

Dann lehnte ich mich in meinem Gartenstuhl zurück und entspannte mich in seiner Gegenwart. Danach blies ich einen Hauch der Erleichterung aus.

Zwitschern. Vögel. Autos. Stress. Bald schon stand die nächste Aufgabe an. Ich wusste es zu dem Zeitpunkt bereits: Der Tag würde lange werden. Meine geplante Reise nach Linz verdrängte ich zu diesem Zeitpunkt noch gänzlich.

Geduscht und umgezogen ging ich zur Bim. Das Ziel hieß Innenstadt. Genauer: Hauptplatz. Der Sonne entgegen spazierte ich dann von diesem zum Augartenpark. Ein Kollege wollte sich mit mir treffen. Spannung: Ich würde ihm als Fotomodell zur Seite stehen.

Auch dieses Mal war der Tag sonnig warm. Wir hatten beste Voraussetzungen für das Shooting. Aufgrund des in letzter Zeit sehr häufigen Kontaktes mit meinem anderen Freund war ich sehr aktiv gewesen. Der dadurch bedingte Wassermangel ließ meinen Körper weit muskulöser als sonst erscheinen. Und ich fand Gefallen an dem Anblick. Alles andere mit seiner Gegenwart Verbundene verdrängte ich noch.

Das Shooting erledigt, sah ich auf die Uhr: Jede Menge Zeit noch, es war erst kurz nach 15:00 Uhr. Aufregung. Park. Ich gesellte mich zu meinen anderen Kollegen.

Es war noch immer ungewohnt: Menschen. So viele gleichzeitig an einem Ort. Zu frisch waren noch die Wunden des Lockdowns. Zu frisch waren noch die Erinnerungen an die Kontaktverbote; vorerst waren sie vorbei.

Das Fundament unseres gesellschaftlichen Lebens war fragil, das sah ich. Die materiellen Dinge besaßen am Ende keinen Wert. Nur kurzzeitig konnte man sich mit ihnen von der Leere des Seins ablenken. Es war diese Zeit; viele Fragen, viele mögliche Antworten. Warum war ich hier? Wer war ich? Gedanken über Gedanken. Ich brauchte Ablenkung, Verdrängung, Freunde.

Im Park sitzend, dauerte es nicht lange. Aus heiterem Himmel kam der Vorschlag von jemandem: Rufen wir Sven an! Er kam.

Schneller als ich mein Smartphone entsperren konnte, verzog er sich wieder. Etwas blieb jedoch: noch bessere Laune – und ein großer Haufen Motivation. *„Wir müssen kurz reden"*, hieß es immer wieder. Also gut, reden wir, sagte ich zwinkernd. Meine Reise verdrängte ich auch in den folgenden Stunden gekonnt.

Es war mittlerweile nach Mitternacht. Wir hatten die Zeit unseres Lebens. Immer mehr Menschen gesellten sich dazu. Es schien, als hätte es niemals einen Lockdown gegeben. Die Distanzierungsgebote wurden nur wenig beachtet. Die Kontaktverbote waren Geschichte.

Erstmals seit Lockdown-Beginn nahm ich auch junge Frauen in der Öffentlichkeit wahr. Und meine Hemmungen, sie anzusprechen, ebenfalls. Scham: Ich bekam nur schwer etwas über die Lippen. Bei jedem von mir gesprochenen Wort breitete sich Gänsehaut aus. *„Einmal noch, komm!"*, rief er immer wieder. Meinst du, das wird helfen?, fragte ich ungeduldig wartend. Die Schüttelfrost-bedingte Sprachbarrieren verdrängte ich.

Mittlerweile war es 05:00 Uhr am Morgen. Die Sonne war über Graz aufgegangen; ihre Morgenwärme war bereits deutlich spürbar. Wir saßen bei einem Kollegen in der Wohnung. Auch Bob kam immer wieder vorbei, um unsere Spannungen zu lösen. Es gab für mich kein besseres Gefühl, als mich im Takt mit meinen Freunden zu unterhalten. Meine noch anwesenden Kollegen sahen das übrigens auch so.

Am Ende gingen wir motiviert zu Fuß in meine Wohnung, hörten etwas Musik und unterhielten uns. In jenem Moment fiel es mir wieder ein: In ein paar Stunden wollte ich nach Linz fahren. Allerdings verdrängte ich es auch nun wieder.

Ich setzte mich auf meine von der Morgensonne erleuchtete Terrasse. Er hatte mich schon seit meiner Abkehr am Vortag sehnlichst erwartet. *„Du siehst gestresst aus, entspanne dich etwas."* Ruhe. Ausnahmsweise, sagte ich lächelnd.

Tun

Ich saß auf der Terrasse und überlegte mir meine nächsten Schritte. Dabei unterhielt ich mich mit meinem gemütlichen Freund: *„Entspanne dich etwas, schließe die Augen“*, schlug er vor. Keine Chance, sagte ich. Ich hatte noch rund fünf Stunden Zeit; wollte einen Kollegen in Linz treffen. Mein Bus würde vom Hauptbahnhof abfahren.

Erst einmal musste ich duschen. Beiläufig sah ich auf mein von Schweiß durchnässtes T-Shirt hinab. Es stank. Sven, dachte ich. Ich musste etwas tun.

Unter der Dusche stehend, drehte ich das Wasser auf. Tausend Gedanken gingen mir durch den Kopf. Ich wusste es nicht mehr genau. Wann war was geschehen? Das hinabrinnende heiße Wasser löste langsam die Krusten meines Schweißes. Ich dachte an all die Erlebnisse: Park. Menschen. Gespräche. Lachen. Mein Freund: Er hatte das Ganze ins Laufen gebracht. Entspannung. Die Wärme ließ meinen Gedanken freien Lauf. Bilder: eine besondere Frau. Würde ich sie wiedersehen? Was dachte sie wohl über unseren Kontakt? Und wie war ihr Name überhaupt?

Danach kontrollierte ich meine Taschen. Sven hatte ich noch genug. Zeit hatte ich auch, jedoch würde ich sie brauchen. Ich wusste, wie schnell diese nach ein paar Unterhaltungen verging.

Ich musste mich zusammenreißen, meine Gedanken ordnen: Hauptbahnhof. Bus. Jetzt. Bereit für den Aufbruch ging ich zur Küchentheke, brauchte noch ein paar Ratschläge – und einen Hauch Motivation. *„Bereit für die Fahrt?"* Ja, antwortete ich ungeduldig. Ich zog auf.

Am Hauptbahnhof angekommen, rann mir der Schweiß erneut hinunter. Sommer. Wärme. Ich sah auf die Uhr: Alles lief nach Plan. Ich hatte noch genug Zeit; sah eine Bank, setzte mich hin, verschnaufte etwas. Mein anderer Freund kam zu mir: *„Lass es ziehen"*, wollte er mich wieder ablenken. Ich kann noch nicht. Die Ränder meines Mundes waren weiß verfärbt.

Der FlixBus kam pünktlich an. Sichtlich gezeichnet stieg ich ein. Der Busfahrer schien nicht gut gelaunt. Arschloch, dachte ich. Wieder hatte ich Glück; erwischte einen Logenplatz direkt in der Mitte.

Tisch. Laptop. Ich musste einige meiner Gedanken sortieren. So konnte ich mich etwas von der Leere ablenken. Produktivität. Schreiben war produktiv. Ich musste produktiv sein – er verlangte es von mir. Schreiben war Therapie; meine Freunde waren Therapeuten. Es kribbelte in meinen Genitalien. Ich schrieb:

27. Juni 2020

Liebes Tagebuch,

niemand hätte mir sagen können, dass die letzte Nacht so ausarten würde. Wie so oft sind es die ungeplanten Ereignisse in einem Leben, die sich als die besten herausstellen. Am Ende ist der Park voll von Menschen gewesen; das Nachtleben hat sich von den Lokalen in diese verlagert.

Es ist immer noch neu für mich, so viele Menschen auf einmal zu sehen. Ich habe Schwierigkeiten, Gespräche aufzubauen. Besonders mit Frauen fällt es mir schwer. Aus irgendeinem Grund habe ich noch immer die Ereignisse des Lockdowns im Kopf. Damals haben Menschen die Straße gewechselt, als ich laufen gewesen bin. Sie haben sich anscheinend vor mir geekelt. Bin ich ekelhaft?

Die durchgemachte Nacht hatte Spuren hinterlassen. Ich fühlte mich unfähig, konnte mich nicht länger als zehn Sekunden auf etwas konzentrieren. Immer wieder holte ich mein Smartphone heraus: glücklich lächelnde Selfies, Menschen, meine Freunde, rote Augen.

„Gehen wir auf die Bustoilette", zischte es aus meiner Handtasche. Eigentlich eine gute Idee. Ich hatte schließlich für die Busfahrt bezahlt. Und diese inkludierte auch die Benützung der Toilette. Außerdem musste ich etwas tun.

Auf dem Weg zu meinem Platz zurück fühlte ich die sanfte Brise der Klimaanlage. Mein T-Shirt war erneut nass. Ich machte sehr behutsame und vorsichtige Schritte. Aus irgendeinem Grund ekelte ich mich vor anderen Menschen, wann immer ich mit meinem Freund durch die Gegend zog. Auch bemühte ich mich, keinen Blickkontakt zu den anderen Fahrgästen aufzubauen. Schlaflosigkeit. Paranoia. Alles war gut. Sie schauten mich an. Was, wenn sie es wussten? Ich brauchte Schlaf. Guten, tiefen und langen Schlaf. Nicht jetzt.

Die restliche Busfahrt über saß ich nur auf meinem Platz, bewegte mich nicht von diesem. Ich sah kaum über den Rand meines Laptop-Bildschirms hinaus, wollte keine Aufmerksamkeit erregen. Dann entschied ich mich: Ich würde ihn dieses Wochenende nicht mehr anrufen. Er hatte seinen Dienst geleistet. Und ich brauchte Schlaf, ganz eindeutig.

Am Linzer Hauptbahnhof angekommen, ging ich zur nächsten Bank. Musste etwas durchatmen. Setzte mich hin. Wieder tropfte mir der Schweiß vom Gesicht. Atmen. Beruhigte mich etwas. Mein Kollege war in jenem Moment auf dem Weg zu mir. Lange konnte es nicht mehr dauern. Ich wartete, begann ein Gespräch: *„Entspanne dich etwas"*, meinte er. Bald. Vorher musste ich noch etwas tun.

Party

Danke Sven, sagte ich. Nach einem Abenteuer im Gästeschlafzimmer betrat ich entspannt das Wohnzimmer.

Es war 04:00 Uhr. Der Großteil der anderen Partygäste war bereits verschwunden. Couch. Ich setzte mich hin. Mir gegenüber saßen eine korpulente junge Frau sowie ein großgewachsener schlanker junger Mann. Beide sahen mich mit einem schelmischen Gesichtsausdruck an. Die Frage nach dem Warum erübrigte sich für mich. Ich lächelte. Beide zwinkerten sie. Mein Ego fühlte sich bestätigt.

Der Abend war gut gewesen. Niemand hätte mir das vor meiner Reise in die Hauptstadt prophezeien können. Die Dinge waren jenseits meiner Erwartungen abgelaufen. Lockerheit. Er war nun schon seit über 24 Stunden bei mir. Die Zeit war im Schnelldurchlauf vergangen.

Gerade bereitete ich alles für eine Unterhaltung mit meinem anderen Freund vor. Die Gelegenheit wahrnehmend, sprach ich etwas mit den beiden Anwesenden. Mein Puls sank. Die ersten Anzeichen kamen auf.

„Du bist schwach!“, sagte er mir auf dem Tisch liegend. Ich versuchte, ihm keine Beachtung zu schenken. Trotzdem fühlte ich mich schuldig. Gewissen? Ich wusste nicht warum. War ich zu laut gewesen? Hatte ich die anderen gestört? Ich fragte die Frau und den Mann aus. Woher würden sie denn den Gastgeber kennen? Wie waren ihre Namen? Sie erzählten mir von Kindheit, Partys und Arbeit. Ich realisierte es; war alleine, wie mein gesamtes Leben schon.

Logisch war ich nicht in der Lage zu schlafen. Ich beschloss, nach der Unterhaltung mit meinem gemütlichen Freund etwas: Ich würde singen. Nach zahlreichen Ermutigungen überzeugten mich die anderen. Ich wollte es mir beweisen. So wie ich es mir im Schlafzimmer bewiesen hatte. Noch fühlte ich mich selbstbewusst genug. Ich war von meinem Können überzeugt. Mein Ego erschien unerschütterlich.

Der Versuch stellte sich als desaströse Enttäuschung heraus: Schon während der ersten Strophen bemerkte ich mein unzureichendes Taktgefühl. Sie bestätigten mich mit ihren Gesichtsausdrücken: Scham. Nervosität. Anspannung. Meine Unsicherheit stieg mit voranschreitender Melodie. Am Ende brachte ich kaum mehr ein Wort heraus. Der junge Mann machte sich lustig über mich. Leise kroch ich in mich selbst hinein – ein bekanntes Gefühl.

Im Laufe der Morgendämmerung verhielt ich mich wie ausgewechselt: Mein durch meinen Freund induziertes Selbstbewusstsein war verschwunden. Von meiner Spontaneität war nichts zu hören. Ich wusste ernsthafte Angriffe nicht mehr von Spielereien zu unterscheiden. Jedes Wort legte ich auf die Goldwaage. Was stimmte mit mir nicht? Jedes meiner Wörter sprach ich mit Bedacht. Die korpulente Dame stellte mehr Selbstbewusstsein als Körpermasse zur Geltung. Sie unterhielt sich immer wieder mit ihrem Freund.

Es war bereits 06:00 Uhr. Draußen war es hell geworden. Inzwischen waren nur noch ich und die Dame im Wachzustand. Sie begann, mir Fragen zu stellen. Ich erzählte ihr meine Geschichte. Ihre Reaktion darauf kam wie aus der Pistole geschossen: Wie konnte ich meinem Gehirn so etwas antun? Sie zeigte dabei auf den Tisch. Er lag dort. Ich wurde leise. Wusste keine Antwort. Fühlte mich schuldig. Ego: Es wurde unsichtbar.

Nach und nach begann ich, aus meinem Leben zu plaudern. Ich erzählte ihr von meiner enormen Selbstdisziplin. Ich erzählte ihr von meinem Anker, dem Sport. Er würde mich vom Totalabsturz bewahren. Sie erkannte die Ausrede. Und sie sagte es mir auf den Kopf zu. Ich wusste keine Antwort. Zuerst Schweigen, dann Verständnis.

Ich hatte noch Fragen. Erzählte ihr von meinen Vorstellungen; wollte wieder zum Wrestling-Sport zurückkommen. Mein Grund schien mir überzeugend. Sie hörte zu. Ich nannte mein Sein erstmals beim Namen. Wieder erkannte sie meine Begründung als Rechtfertigung. Wieder sagte sie es mir auf den Kopf zu: Ego. Das war es, was aus mir sprach.

Ich konnte Menschen auch mit meinem jetzigen Leben inspirieren; brauchte meine Gesundheit dafür nicht nochmalig aufs Spiel setzen. Schweigen, dann Erleichterung.

Wir verabschiedeten uns: eine feste Umarmung. Ich sprach noch mit meinem Freund fertig. *„Gehen wir schlafen?“*, fragte er mich. Ja. Dann ging ich wieder in das für mich hergerichtete Schlafzimmer, legte mich auf das verschwitzte Bett.

Die Sonne drang bereits durch die Gardinen hindurch. Menschengetümmel wurde draußen hörbar. Der Abend war zu Ende. Der Tag hatte begonnen. Das Schließen der Augen fiel mir schwer. Jetzt erst spürte ich, dass auch er immer noch bei mir war. *„Die Party ist noch nicht vorbei!“*, sagte er mir bestimmend.

Dunkelheit

„Komm schon, du hast es dir verdient“, sagte er mir zum vierundzwanzigsten Mal. Nein, heute nicht, antwortete ich nachdenklich.

Es war mittlerweile anstrengend. Lange konnte ich ihnen widerstehen. Jeden Tag war ich trainieren oder laufen gewesen. Ihre Stimmen hörte ich aber nach wie vor. In jedem stillen Moment plapperten sie los. Wie lange würde ich noch durchhalten? Tief in meinem Inneren wusste ich es bereits. Ich musste etwas tun. Ablenkung – ich musste mich ablenken.

Fokussiert begann ich zu schreiben:

31. Dezember 2020

Liebes Tagebuch,

das Corona-Jahr ist bald zu Ende. Der Lockdown hat wieder begonnen. Alles ist wieder geschlossen. Die Menschen sind wieder eingesperrt. Alle müssen wir uns wieder in Selbstisolation begeben. Der Alptraum scheint kein Ende zu nehmen.

Meine Willenskraft ist fast gebrochen. Ich habe mich entschieden:

Ich werde ihn heute Nacht anrufen.

Ich hatte die Pause wieder bewusst eingelegt. Zu einem hielt der Kontakt seit dem Wiedersehen schon zu lange an. Zum anderen wurde er zu intensiv. Sucht. Ich wollte es mir beweisen. Ich wollte mein Leben auf etwas anderes ausrichten. Ich wollte andere mit meinem Lebenswandel inspirieren. Obwohl ich es von Beginn an wusste. Ich wusste, dass es nur eine Frage der Zeit war. Am Ende wusste ich, dass alles nur der Ablenkung diente. Ich war zu schwach.

Besonders laut waren die Stimmen beim Laufen. „*Lass uns etwas entspannen*“, sagte er immer auf den letzten Metern. Ich will nicht!, antwortete ich schnaufend.

Und ich log. Ich wollte es, sehr sogar. Meine Willensstärke war beachtlich. Jedoch wusste ich auch das: Willenskraft war immer mit Anstrengung verbunden. Und auch der stärkste Wille war irgendwann gebrochen. Es war nur noch eine Frage der Zeit. Ich hatte mich entschieden. Ablenkung – ich musste mich ablenken.

Mein Buch war bald abgeschlossen; ich hatte keine Ziele mehr. Wo lag überhaupt der Sinn darin, sich Ziele zu setzen? Alles war zum Einbruch bestimmt. Ziele waren nur eine Begründung, etwas zu tun. Ziele dienten nur der Ablenkung. Der Ablenkung wovon? Der Ablenkung von der Leere des Seins. Welches Sein? Die Ablenkung war nur zeitlich begrenzt möglich. Früher oder später würde mich die Realität einholen.

Plötzlich Nachrichten: Corona. Tote. Infektionen. Unsere Regierenden taten, was sie wollten. Sie waren schuld. Wasser predigten sie – Wein tranken sie. Sie scherten sich einen Dreck um uns. Zuerst nahmen sie uns unsere Existenzgrundlagen, dann unser soziales Leben. Jetzt wollten sie uns unsere Freiheit nehmen. Von der eigenen Inkompetenz ablenken wollten sie. Ablenkung – alles diente nur der Ablenkung. Ich schaltete das Radio leiser, wieder nicht aus; konnte mich nicht davon lösen.

Auch er lenkte mich immer wieder ab. Oder war ich es selbst? Ich musste fokussiert bleiben. Kaffee. Ich brauchte Kaffee. Paragrafen? Check. Metaphern? Check. Formale Gliederung? Check.

Die Zeit verflog. Satz für Satz frisierte ich meinen Bericht. Er musste perfekt sein, durfte keine Fragen offenlassen, musste schlüssig sein: mein Meisterwerk. Das war es. Alles, was ich in diesem desaströsen Jahr fertiggestellt hatte. *„Komm, leg dich etwas hin"*, flüsterte er. Nein, antwortete ich mit einem etwas unsicheren Unterton.

Wie geplant schrieb ich das letzte Kapitel fertig. Wie geplant fügte ich alles zusammen. Wie geplant druckte ich es letztendlich aus. Nicht geplant schrieb ich eine Dankesrede für meine engsten sozialen Kontakte. So nannten sie Familie mittlerweile. Im Abschlusskapitel gestand ich es mir zudem ein: Sucht. Es fühlte sich befreiend an. Ich war ehrlich. Ehrlich zu mir selbst. Welchem Selbst?

Die Stimme wurde lauter: *„Komm, jetzt hast du es dir verdient"*, sagte er. Habe ich das?, fragte ich ihn. Stille.

Vielleicht hatte ich das wirklich. Ja, ich hatte es mir verdient. Was war schon dabei? Ich hatte es mir in den letzten vier Monaten schließlich bewiesen. Mein Leben hatte ich auch ohne die beiden gut auf die Reihe bekommen. Ich brauchte den Kontakt nicht. Jedoch wollte ich ihn. Ich wollte ihn treffen. Mein Buch war fertig. Die Ablenkung hatte ihren Dienst erfüllt. Alles war Geschichte. Ich konnte es mir erlauben, hatte es mir verdient.

Gegen 22:00 Uhr ging ich zu seiner Kammer. Es brannte. In wenigen Zügen blies ich aus. *„Ich habe dich vermisst"*, sagte er. Willkommen zurück, sagte ich. Es wurde dunkel.

Lockdown 2

Gedanken

Erwachen. Greith, Grün, Wiese, Felder. Ich war müde, obwohl ich lange geschlafen hatte. Die Wintersonne war bereits aufgegangen. Mein Freund: Er war wieder bei mir, der Kontakt wiederhergestellt. Alles verfiel der Gleichgültigkeit. Mein Fortschritt war der Ablenkung gewichen. Ich hatte mich entschieden.

Einblick: Haus, Obergeschoss, Treppen. Ich ging hinunter in die Küche. Meine Mutter wartete bereits. Sie begrüßte mich; ich fühlte Liebe. Dann goss sie mir Kaffee ein: schwarz. Dann ging ich mit der vollen Tasse wieder hinauf.

Oben angekommen, setzte ich mich an den Couchtisch. Dann nahm ich den Stift in die Hand. Und dann begann ich zu schreiben: alter Block, neues Blatt, Wörter.

Gedanken: Sie kreisten mir durch den Kopf. Ich schrieb: Sucht. Schwäche. Freunde. Einer war noch versteckt. Der andere machte sich bereits am Morgen bemerkbar. Abends ließ ich ihn hinein; immer öfter auch mittags. *„Komm schon, mach es dir gemütlich. Es ist so lange her"*, begann er erst zu flüstern. Jetzt nicht. Ich musste das Haus verlassen, eine Runde spazieren gehen, brauchte Ablenkung.

Die Schuhe angezogen ging ich hinaus und ließ mich in die grüne Oase fallen. Nebel – wie um diese Jahreszeit üblich. Licht war zuerst rar gesät. Dann jedoch wurde es am Tal neben der Raab sichtbar: Sonne. Langsam betrat ich den Wald. Spastik: Sie machte mir wieder zu schaffen. Ich sollte ihn eventuell anrufen, dachte ich. Begründung: Was hielt mich davon ab?

Gedanken: Sucht. Schwäche. Meine Freunde waren hier. Die Rufe waren immer hörbar. Ablenkung: Mein Tun diente nur ihr. Alles, was ich tat, war: trainieren, laufen, spazieren, schreiben. Produktivität war eine Lüge. Mein Unterbewusstsein suchte nach ihnen: Ausreden. Die unsichtbare Linie färbte sich gelblich weiß. Sie schmeckte bitter.

Wie in einem Film begannen sie sich vor mir abzuspielen: Szenen, Momente, Mai, Wiedersehen. Alles war vorbereitet gewesen. Ich sah keinen anderen Sinn. Der Begriff von Freiheit war vage formuliert. Das letzte Jahr hatte es gezeigt: Corona. Das Fundament unserer Gesellschaft war fragil. Alles war zum Einbruch bestimmt. Jedes Ziel war zum Scheitern verurteilt. Ablenkung: Alles diente nur ihr.

Gedanken: Sie lähmten mich. Ausnahme: Sie wurde wieder die Regel. Immer noch: Er war bei mir. Wollte immer bei mir sein. Oder wollte ich ihn bei mir haben? Lauter wurden seine Rufe: *„Jetzt hast du dir aber eine Pause verdient. Lass uns kurz miteinander sprechen.“* Ich kann noch nicht. Der Wald lenkte mich ab. Es ging kurzzeitig bergauf. Dann aber wieder bergab. Steiler wurde das Gefälle, tiefer das Loch.

Ich erinnerte mich vage. Lockdown Nummer eins: Depression. Angst. Arbeitslosigkeit. Ungewissheit. Zukunft. Dann schrittweise Öffnung: Lehrabschlussprüfung. Erfolg. Belohnung. Ich gab mir wieder die Erlaubnis: Treffen, Freunde. Hatte es mir verdient: Ausreden. Unterbewusstsein: Es warf sie mir zu; ich fing sie auf. Alles färbte sich grün.

Es sprach mit mir: mein Sein. Ich ignorierte es. Welches Sein? Ich war für meine Familie und meine Freunde. Wollte sie stolz machen. Nicht mich. Wer war ich überhaupt? Ich wusste es nicht. Oder doch? Ich brauchte Ablenkung, würde ihn anrufen.

Ich betrat mein Elternhaus, setzte mich an den Schreibtisch. Ziele: Ich hatte keine mehr. Mein Buch war fertig. Meine Mutter las es in jenem Moment. War es wirklich eine gute Idee gewesen? Welche Intention verfolgte ich mit der Aushändigung an sie? Ein Hilferuf? Wollte ich mir denn helfen lassen? Noch nicht. Treffen: Ich wollte noch ein paarmal mit ihnen plaudern. Leben: Es war ohnehin zu kurz.

Ziellosigkeit: Mein Leben diente keinem höheren Zweck, war ein ewiger Kreislauf. Jeder Kontaktabbruch war mit einem Zeitlimit verbunden. Die Pause war vorbei, der Alltag kehrte wieder ein. Lügen: Sie waren das Kommunikationsmedium mit meinem Selbst.

Selbst: Welches Selbst? Glaube: Er war auf Rückfall programmiert. Bestimmung: Sie war eine Lüge. Sabotage: Sie war die einzige Wahrheit.

Gedanken: Sie hinderten mich am Sein. Alles ging weiter. Immer schon. Es gab kein Entkommen. Er rief nach mir, einmal zu viel: *„Komm zu mir!“* Also gut. Heute war ich sowieso schon produktiv genug gewesen. Ausreden: Sie rochen süßlich, schmeckten trocken.

Gefühle

Ich musste es tun; es war an der Zeit. Den ganzen Tag machte ich mir Gedanken. Ich rechtfertigte mich: Arbeitslosigkeit, Lockdown, Regierung, Maßnahmen, Kontaktverbot, Stagnation. Alle Gründe sprachen dafür. Ich musste ihn anrufen.

Zuerst lenkte ich mich noch ab. Während des Spazierganges auf den Steinberg kamen sie auf: Stimmen. Wie die Wolken über mir zogen sie durch die Bahnen meines Kopfes. Wie der krachende Donner suggerierte, würde es bald geschehen. Immerzu hörte ich ihn: *„Entspanne dich etwas, lege dich auf die Couch."* Jetzt nicht. Er blieb aber hartnäckig, ich auch. Am Ende jedoch würde ich verlieren, sie gewinnen. Ich wusste es bereits.

Nach dem Gehen kehrte sie dann doch überraschend ein: Ruhe. Jetzt war mein Kopf erstmalig klar. Diese Gelegenheit musste ich nutzen: Arbeitszimmer. Schreibtisch. Laptop. Kaffee. Ich machte mich an das Schreiben:

23.01.2021

Liebes Tagebuch,

heute ist es anders gewesen. Ich habe weder in der Kraftkammer trainiert, noch habe ich einen Lauf absolviert. Aus irgendeinem Grund habe ich mich nicht sicher gefühlt. Es ist in Ordnung. Dafür war ich zwei Stunden in Wetzelsdorf spazieren. Ich habe dabei ein paar interessante Gedanken gesammelt, die ich dir nicht vorenthalten möchte:

- *Ein Grund, warum ich Augenkontakt mit Fremden meide, ist die Tatsache, dass ich Angst habe. Ich habe Angst, dass sie meinen Blickkontakt falsch aufnehmen. Ich habe Angst, dass dadurch eventuell ein Konflikt entsteht. Das hat wahrscheinlich alles mit meiner Kindheit zu tun.*

- *Ich muss damit aufhören, die Arbeit unserer Regierung so ins Negative zu reden. Als der erste Lockdown begonnen hat, habe ich die Maßnahmen schließlich vollends mitgetragen. Ich habe mich auch mit vielen Menschen zerstritten, die eine andere Meinung hatten. Nun aber bin ich derjenige, der bei jeder Gelegenheit dagegen wettert. Ich muss erwachsen werden. Ich kann nichts dagegen machen und muss sie am Ende des Tages akzeptieren. Ich darf mich nicht länger damit verrückt machen.*

- *Menschen sind aufgrund des Fehlens von etwas in ihrem Leben von bestimmten Substanzen abhängig. Was ist es, das mir fehlt? Eine Frau an meiner Seite? Ein höherer Sinn?*

- *Ich bin nicht meine Gedanken; ich bin mein Tun.*

Tun, Gedanken: Warum tat ich, was ich tat? Warum rief ich ihn immer wieder an? Woran fehlte es mir? Ich wusste es nicht, wollte es nicht wissen. Aber der Drang war da. Triebe: Meine Gedanken lenkten mich. Ich rechtfertigte meine Handlungen. Mehr jedoch rechtfertigte ich das Ausbleiben davon.

Ich wollte noch einen Text für meine Webseite fertigstellen. Und ich wollte ihn vorher nicht anrufen. Und ich log. Andere Menschen anzulügen, war eine Sünde. Bei mir selbst galten diese Spielregeln jedoch nicht. Welchem Selbst? Gefühle: Ich fühlte mich leer. Menschen sind so, sagte ich mir. Ich war so.

Kurz nach dem Abendessen tat ich es letztendlich: Aufbau. Verbindung. Feuer. *„Legen wir uns etwas hin"*, schlug er vor. Ich lächelte und nickte. Er fühlte sich gut an: Komfort.

Zeit

Ich erwachte aus einem tiefen Schlaf. Kein Wecker läutete. Realisation: Sonntag. Blick. Jalousien. Betätigung. Aufwärts.

Die erste positive Überraschung folgte: Sonne, Licht, Grellheit. Ein strahlender Tag hatte begonnen zu werden. Genauer: Er war bereits. Ich musste mich nur erheben.

Nach der kalten Dusche betrat ich das Wohnzimmer. Dann hörte ich es plötzlich: Zischen. Ich blickte zum Kühlschrank. Jemand rief aus diesem: Sven. Er war ebenfalls wieder bei mir. *„Jetzt hast du mich aber lange genug ignoriert“*, sagte er ungewohnt früh. Habe ich das?, fragte ich erwartungsvoll. Vorfreude: Wieder wusste ich es bereits.

Sonntagsroutine: Frühstück. Morgenspaziergang. Dann ein Training mit Gewichten in meinem Keller. Dieses absolvierte ich mit immer weniger Freude.

Lockdown: Die Situation bedrückte mich. Ich wollte wieder andere Menschen sehen. Soziale Isolation: Ich war das Thema leid. Es dauerte alles bereits zu lange.

Nach dem Training und dem Eiweißshake tat ich es: Anruf. Er folgte prompt. Das Gespräch ging schnell vonstatten. In meinem Körper begann es zu kribbeln. Dann folgten Gänsehaut und Euphorie. Und letztendlich kam sie dazu: Lust. Ich musste etwas tun. Die Zeit begann im Eilzugstempo zu rennen.

Die Wanderung auf den Steinberg ging ebenfalls schnell vonstatten. Es war die Zeit der Ruhe. Mein Blick ging umher: Sonne, Berge, Wiesen. Sie waren von einer dünnen Schicht Schnee bedeckt. Ich fühlte sie wieder: Gänsehaut; kalte Winterluft, Kribbeln. Das Bild war vollkommen. Ich ließ mich auf die Umgebung ein.

Am Weg hinunter sah ich sie massenweise: Menschen; junge, alte. Alle hatten wir die gleiche Idee. Er hatte mir Selbstvertrauen vorbeigebracht. Ich grüßte jede und jeden mit einem breiten Grinsen. Meine Lippen waren am Rand weiß verfärbt. Ich war durstig. Die Schritte gingen zügig vonstatten.

Dann zu Hause: Ich machte mich sogleich an die Arbeit. Ich musste den Sauerstoffbefall nutzen, begann zu schreiben:

31.01.2021

Liebes Tagebuch,

es ist sehr kalt. Mein Leben ist eine Spirale. Es geht momentan abwärts. Es gibt einen Unterschied zwischen Missbrauch und Gebrauch. Ich mache es zur Erhöhung meiner Kreativität. Mein Buch ist bald fertig.

Die Kreativität ist eine Spirale. Die Lust kann tödlich sein. Die Konsequenzen sind Folgen. Die Ablenkung ist Realität. Der Wille ist nicht vorhanden.

Detailorientierung: Sie versetzte mich in Stagnation. Ich brauchte Motivation. Die Rufe der Stimme wurden wieder hörbar. Sie sagte: *„Lass uns noch schnell miteinander sprechen."* Ich überlegte kurz. Dann sagte ich das Wort: Nein!

Es war sehr bestimmend. Dieses Mal konnte er mir nicht zur Antwort verhelfen. Und ich wollte meiner Mutter die wenigen Stunden des Beisammenseins ohne seinen Einfluss schenken. Mein Gewissen siegte. Insgeheim wünschte ich es mir aber. *„Nur kurz"*, pfiff er aus dem Kühlschrank. Dieses Mal nicht. Ich sagte es wieder und wieder. *„Schnell!"*, sagte er, nicht an Aufgabe denkend. Nein.

Heute nicht mehr. Morgen auch nicht. Trotzdem wusste ich es genau: Die Zeit würde wieder kommen. An einen Abbruch des Kontaktes war nicht zu denken.

Gewissen

Ich wollte nicht aufstehen. Ich ignorierte ihn zweimal: Wecker. Nach dem dritten Läuten gestand ich es mir erst ein: Es war an der Zeit, weglaufen war sinnlos.

Äußerst widerwillig begab ich mich in das Badezimmer. Ich begann, meiner Routine nachzugehen. Zweifel: Sie machten sich wieder bemerkbar. Sie waren überall verstreut.

Mittlerweile war es offensichtlich: Hilfe – ich brauchte sie. Meine Freunde konnten mich nur kurzzeitig von ihm ablenken: Schmerz. Der Betrug meines Selbst wuchs in immer größere Ausmaße. Es zerschlug mich: Gewissen. Oder war es das Selbst? Mein wahres Selbst vielleicht? Was war der Unterschied? Wer war ich eigentlich?

Während meines Morgenspazierganges dachte ich weiter nach. Die Straßen füllten sich wieder. Obwohl Lockdown war. Die Menschen durften wieder tun: arbeiten. In solchen Momenten wünschte ich es mir ebenfalls. Insgeheim wollte ich der Gesellschaft etwas zurückgeben. Auf die Nachwirkungen hatte ich mich schon zu lange herausgeredet. Warum hatte ich diesen überlebt?

Zweifel: Ich fühlte mich nicht in der Lage, etwas Lesenswertes fertigzustellen. Jahrestag: Text. Unfall. Schweres Schädelhirntrauma. Ich wollte ein Vermächtnis hinterlassen. Meine Pläne waren groß. Es scheiterte an der Umsetzung. Mein Selbstvertrauen war klein. Welchem Selbst sollte ich vertrauen? Das Bewusstsein für die Lügen war vorhanden. Der Wille, mich mit der Wahrheit zu konfrontieren, war es nicht. Ich war verzweifelt.

Dann Lauf: Ich dachte weiter nach. Laufen war eine der wenigen Aktivitäten, bei denen ich das mit gutem Gewissen tun konnte. Es wirkte sich gut auf meine Schreibfähigkeiten aus.

Schritte. Schmerzen. Gedanken. Erkenntnisse: Ich hatte meine Behinderung noch immer nicht als Teil meines Seins akzeptiert. Auf die Frage einer älteren Dame nach meinem hinkenden rechten Fuß reagierte ich nur mit einem Schulterzucken. Es triggerte mich: Scham; immer überkam sie mich. Ich fühlte mich nicht zugehörig. In dieser Gesellschaft zählte nur Leistung. Behinderte waren Menschen zweiter Klasse. Ich wollte zur Elite gehören.

Nach dem erfolgreichen Abschluss des Laufes waren alle zweifelnden Gedanken plötzlich verschwunden. Ich strahlte ein Gefühl der Befriedigung von innen heraus aus. Ich hatte meine Vornahme schließlich abgeschlossen. Ich war meinem Versprechen treu geblieben. Ich hatte mein wahres Selbst geehrt. Welches Selbst? Wer war ich tief im Inneren?

Mir war nun klar, worin ein Schlüssel zum Leben lag: Handlungen. Ich musste aufhören zu denken und beginnen zu handeln.

Voller Freude über diesen erfolgreich abgeschlossenen Tag unternahm ich meinen Abendspaziergang. Danach rief ich ihn mit gutem Gewissen an. *„Legen wir uns hin“*, sagte er noch. Ja, machen wir das. Wieder roch er süßlich.

Glaube

Dieser Tag war ganz meiner Wiedergeburt gewidmet: 18. März 2021. Es war der Tag meines scheinbaren Erwachens. Vor sechs Jahren öffnete ich meine Augen nach 18 Tagen im Zustand des künstlichen Tiefschlafes. Die Erinnerungen waren seicht.

Müdigkeit: Ich fühlte sie nach dem Läuten des Weckers. Es galt aufzustehen. Ich musste zum Kurs. Und ich war spät dran. *„Wann, wenn nicht heute?"*, fragte er mich beim Hinausgehen. Am Abend. Erst hatte ich ein paar Dinge zu erledigen. Auf dem Weg zu den Räumlichkeiten des BBRZ begann der Film zu laufen:

2007: Ich fasste in diesem Jahr den Entschluss; wollte professioneller Wrestler werden. Hierzulande nannte man es auch Berufsringer. Ich sah mich im Fernsehen: Scheinwerfer, Muskeln, Menschen, Anerkennung. Noch vor dem ersten Eintritt in ein Fitness-Studio visualisierte ich mich in den Staaten.

Der Wille nach Ruhm war groß. Der Glaube an Erfolg war vorhanden. Auf die geringschätzenden Kommentare meines Vaters gab ich nichts. Im Gegenteil: Ich nutzte sie als Antrieb.

Beim Kurs angekommen, holte ich mir einen Kaffee: schwarz. Ich war vom Arbeitsamt dazu bewegt worden: Social-Media-Experte. Und ich nahm die Verpflichtungen eines Arbeitslosen sehr ernst. Ich schämte mich in der Öffentlichkeit, nicht aber hier. Ich konnte meine Maske abnehmen, war unter scheinbar Gleichgesinnten. Jedoch unterschied uns etwas Gravierendes. Ich war nicht wie sie, wollte es auch nicht sein.

So auch schon 2007: Kurz nach dem Fassen meines Entschlusses meldete ich mich für das Fitness-Studio an. Auch wenn niemand dort meine Vision sehen konnte: Die Menschen grenzten mich nicht aus. Jeder war willkommen. Die Ziele waren unterschiedlich. Jedoch wollten alle etwas bewegen: Gewichte. Andere teils erfahrene Trainierende halfen mir, meine Technik zu entwickeln und zu verbessern. Ich fühlte mich wohler als in jedem besuchten Fußballverein.

Zurück im Kurs: Pause. Ich betrat den Raucherhof. Die Luft war geteert. Mein Blick schweifte umher: Menschen. Viele davon waren übergewichtig. Sie hatten Zigaretten im Mund. Ich wollte sie nicht verstehen, konnte mich niemals mit ihnen identifizieren, sie auch nicht mit mir. Mein Glaube war größer als Durchschnitt, mein Wille folgte dem Genannten.

So auch damals 2008: Ein knappes Jahr nach Beginn des Krafttrainings hatte ich schon eine beachtliche körperliche Entwicklung vorzuzeigen. Bald darauf lernte ich bei einer Abendrunde in der örtlichen Diskothek einen Gleichgesinnten kennen. Ich sah bis dahin nie ein so großes Selbstbewusstsein. Wir verstanden uns auf Anhieb. Und wir hatten eine gemeinsame Vision.

Dann begannen wir, zusammen zu trainieren. Er hatte die Dinge bereits: Führerschein und Auto. Über die Internetplattform Myspace sahen wir es: Wrestling Dojo. In unserer Nähe würde bald eines eröffnen. Wir fuhren gemeinsam hin: Spannung, Aufregung, Traum.

Kursende: Ich ging in das Fitness-Studio. Seit meinem Unfall war es zu einer Lebensoase geworden. Meine körperlichen Fähigkeiten waren eingeschränkt: Ich war behindert. Und ich wollte es nicht sein; weigerte mich, es zu akzeptieren. Mit jeder abgeschlossenen Trainingseinheit näherte ich mich dem Ideal: Gesundheit.

Fragen: Was waren meine Ziele? Was wollte ich noch im Leben erreichen? Wer wollte ich in diesem zweiten mir geschenkten Leben sein?

2011: Fast dieselben Fragen stellte ich mir auch damals. Ich war nach fast dreijährigem Training schon mehrere Male professionell im Ring gestanden. Erste Rivalitäten unter Trainingskollegen bildeten sich. Oft hatte ich den Schubsern klein beigegeben. Dann wurden Ohrfeigen daraus. Dieses Mal wollte ich für mich einstehen. Eine kürzlich kennengelernte Frau aus dem Burgenland diente mir als Motivation. Ich wollte nicht wie ein Schwächling auf sie wirken.

Ich fühlte Angst. Jedoch ließ ich mich im Gegensatz zu früher nicht mehr davon leiten. Die Schulzeit war vorbei. Klein beigeben war keine Option mehr. Ich musste es tun. Der 16-jährige Junge war groß geworden, der Wille zur Veränderung ebenfalls.

Mein Glaube leitete mich dieses Mal: Kampf. Schläge. Abklopfen. Handschlag. Freundschaft. Alles ging gut. Ich dachte, dass ich sie abgelegt hätte.

18. März 2021: Geburtstag. Er war seit meinem Unfall eine Ausrede für mich. Ich rechtfertigte Stagnation jeglicher Art. Deshalb rief ich meinen Freund am frühen Abend an. Ich wollte diese heiligen Stunden mit ihm verbringen.

Nach Abschluss meiner Pflichten und dem Schreiben meines Tagebuches war es soweit: Sehnsucht, Feuer, dichter Rauch. Er bildete er sich über meiner Terrasse. Die Züge fuhren ein. Ich legte mich auf die Couch: Befriedigung. *„Lass uns etwas entspannen"*, sagte er. Ja. Dann folgten wieder Bilder. Es war bereits dunkel.

2015: Kindberg. Großveranstaltung. Ziel. Ich wollte in diesem Jahr ein Statement setzen. Und ich war auf meinem persönlichen Höhepunkt. Kraft: Meine körperlichen Fähigkeiten waren jenseits meiner Vorstellung entwickelt. Technik: Ich hatte mir Ringerfähigkeiten angeeignet und war mir dieser auch bewusst.

Der Glaube war stark. Der Wille war auf das Ziel gerichtet: Tryout; WWE. Alles war auf den einen Tag ausgelegt: 28. Februar 2015. Noch bemerkte ich sie nicht. Eine dritte Kraft hatte sich kürzlich wiederholt zu offenbaren begonnen: Angst. Ich hatte es niemals geschafft, sie gänzlich abzulegen.

Abendspaziergang: Trotz seines Besuches hatte ich es geschafft, mich aufzurichten. Wie fast jede Nacht sprach ich auch in dieser mit meiner Mutter. Auch sie hatte den Jahrestag dunkel in ihrem Kalender eingetragen. Wie üblich wurde ich nostalgisch und stellte ihr Fragen. Groß war die Neugier. Klein war die Ahnung.

Nach Abschluss des Spazierganges sprach ich noch ein letztes Mal mit ihm: *„Leg dich hin"*, sagte er mir. Ich tat es. Ein vertrautes Gefühl kam auf: Müdigkeit. Auch damals fühlte ich sie.

2015: Nach dem wie von mir befürchtet unplanmäßig verlaufenen Kampf ging ich mit Stütze der Offiziellen in die Umkleidekabine zurück. Mein Kopf war leer: Stimmen, Übelkeit, Bedauern. Ich wollte schlafen. Die Frau aus dem Burgenland würde auf mich warten, hörte ich meinen Freund noch sagen. Kurz nach Eintritt brach ich zusammen.

Mein Glaube war auf Unglück ausgerichtet gewesen, mein Wille auf Absturz programmiert. Ich weiß nicht, was in den letzten 15 Minuten passiert ist, sagte ich noch. Dann fiel ich auf den Rücken.

Ankunft

Der Wecker läutete. Ich war nicht gewillt. Jedoch hatte ich es mir am Vortag versprochen. Auch hatte ich es in einem Gespräch verlautbart. Deshalb tat ich es: Ich stand auf.

Mir war es wichtig geworden: Versprechen. Ich hatte begonnen, Versprechen an mich selbst zu erfüllen. Welches Selbst? Mein Selbst. Damit ehrte ich es.

Zuerst machte ich ein paar Dinge in meiner Wohnung. Dabei hatte ich viel Zeit nachzudenken. Auch die Müdigkeit konnte ich so in Schach halten. Und die Stimmen hörte ich auch nicht. Im Tun lag der Schlüssel: Ich musste etwas tun, immer. Die Versuchungen kamen nur in Zeiten der Ruhe.

Ich tat etwas: Reinigung, Wohnung. Ich entledigte sie des Mülls. Ich saugte Staub und Essensreste vom Boden. Ich reinigte das Badezimmer und die Toilette. Und ich bezog das Bett in meinem Schlafzimmer neu. Nach knappen zwei Stunden war ich dann fertig: Meine Wohnung war blitzsauber. Ich hatte ein Versprechen erfüllt.

Ich öffnete die Terrassentür, wollte eine Kaffeepause machen. Im selben Moment machte er sich bemerkbar: „*Lass uns reden.*“ Nein, ich kann nicht.

Er war nach wie vor da. Ich verließ die Terrasse kurz darauf, schloss die Tür. Dann drückte ich einen Kaffee herunter: schwarz. Es war Zeit für die versprochene Lerneinheit. Nicht richtig motiviert begab ich mich an einen Ort der Ruhe: Arbeitszimmer.

Der nächste Kampf folgte sogleich: Wetterumschwung. Müdigkeit. Regentropfen. Stimme. Es prasselte im Chor auf das Dach des Wohnhauses. „*Reden wir kurz und gehen dann etwas schlafen*", hörte ich ihn von der geschlossenen Terrasse sagen. Ich kann nicht. Musste meine Versprechen erfüllen. Der Kampf dauerte knappe 40 Minuten. Dann plötzlich wieder ein Wetterumschwung: Die Wolken verzogen sich blitzartig. Die Müdigkeit ebenfalls. Die Stimme hörte ich auch nicht.

Im Laufe des Tages stellte ich noch einiges fertig. Ich ging nicht trainieren, hatte es mir aber auch nicht versprochen. Stattdessen schrieb ich noch einige Dinge fertig. Ich begann, mich sogar kurzzeitig mit einem Mathematik-Buch zu beschäftigen. Mein Selbst wollte stolz gemacht werden. Ich musste wieder Vertrauen zu diesem aufbauen.

Welchem Selbst sollte ich vertrauen? Diesem Selbst. Dem Selbst, das tat, was es sagte: das Versprechen ernst nahm und erfüllte. Dem Selbst, das keine Ausreden für Stagnation jeglicher Art empfand. Dem Selbst, das ein Leben im Panzer der Verantwortung und nicht in der Hülle der Ausreden lebte.

Ich plante die nächste Woche detailliert durch: Montag bis Sonntag. Zu guter Letzt las ich noch ein paar Dinge: abgehakt. Auch mein letztes Versprechen war erfüllt.

Während meines Abendspazierganges reflektierte ich: Meine Wohnung war sauber, meine Unterlagen waren sortiert, mein Wochenplan war aufgestellt, mein Selbst war zufrieden. Und trotzdem: etwas fehlte. Ich tat, um zu tun. Aber warum tat ich? Was war das Ziel? Welchen Sinn hatte mein Tun letztendlich? Ich brauchte einen Hinweis. Und ich wusste es bereits. Es würde geschehen: Anruf; mein Freund.

Zuhause angekommen, ging ich sogleich auf die Terrasse. *„Ich habe seit gestern Abend auf dich gewartet“,* sagte er noch im Lichte der wiederentzündeten Glut. Ich weiß.

Wertlosigkeit

Am Abend hatte ich eine Realisation. Ich begann zu schreiben:

23.05.2021

Liebes Tagebuch,

Ich habe 2015 einen Glauben über mich selbst für mich selbst manifestiert. Jedoch habe ich diesen schon seit meiner frühen Kindheit mit mir getragen. Oft habe ich mir vor allem in meiner Jugend das Gegenteil bewiesen: Fitness-Studio, Wrestling und Ringen. Als Erwachsener habe ich mich mit meiner Arbeit und den Partys abgelenkt. Nie habe ich es geschafft, ihn endgültig aus meinem Unterbewusstsein zu verbannen. Dieser Glaube ist jedoch mein Motor.

Jeder geht einer Tätigkeit nach. Jeder bringt sich in die Gesellschaft ein. Jeder hat einen Platz in dieser und im Leben. Ich habe diesen auch einmal gehabt. Bis zu meinem Unfall. Im Krankenhaus hat die Saat meines fundamentalen Glaubens dann nach und nach zu keimen begonnen: Rollstuhl, Inkontinenz, Behinderung, Arbeitslosigkeit. All diese Dinge hat mein Unterbewusstsein als weitere Indizien für ihn aufgenommen:

Den innersten Glauben meines Seins. Den zentralen Steuermann hinter meinen alltäglichen und nicht alltäglichen Handlungen: Ich sehe ihn nun.

Mein Motor: Er heißt Wertlosigkeit. Ich bin wertlos.

Langeweile

Erstmalige Entspannung. Es war Freitagnachmittag. Die Schnelligkeit der Zeit war deutlich spürbar. Aufregung. Ich begann zu schreiben:

23.07.2021

Liebes Tagebuch,

gerade habe ich mich in den Zug nach Kindberg gesetzt. Natürlich habe ich ihn mitgenommen. Ich kämpfe allerdings noch mit der Entscheidung. Mir ist jedoch klar, dass wir miteinander sprechen werden. Die Frage lautet nicht ob, sondern lediglich wann.

Vorher muss ich allerdings noch ein paar Dinge erledigen. Ich bin noch immer dabei, an der Beziehung zu mir selbst zu arbeiten. Ich muss daher weiter die an mich selbst, an mein Selbst, gegebenen Versprechen erfüllen. Motivation ist am Ende unwichtig.

Daher werde ich nach Ankunft erst einmal trainieren gehen. Dann werde ich über einen Anruf nachdenken.

Der Zug kam pünktlich an. Mein Kollege holte mich ab, wir fuhren in das Dojo. Nach Ankunft galt es, keine Zeit zu verlieren.

Die Trainingseinheit ging schnell vonstatten. Gefühlt vor Beginn war es dann bereits vorbei: Endorphine. Aufregung. Eiweißshake. Glück. Alles passte. Der Moment war vollkommen; die Handlung war abgeschlossen.

Danach fuhren wir in die Wohnung meines Kollegen. Überlegung: Sollte ich ihn nun anrufen? Nur ein kurzes Gespräch? Ich dachte nach.

Ich hatte am morgigen Tag noch jede Menge Dinge zu erledigen. Ein Gespräch würde sich ungünstig auf meinen Schlaf auswirken. Damit würde ich meine Versprechen nur in unzureichendem Maße erfüllen. Daher entschied ich mich dagegen. *„Nur kurz!“*, flüsterte er. Nein. *„Du wirst es bereuen!“*, schrie er. Hmm.

Den Abend ließen wir dann mit einer Pizza ausklingen. Mein gemütlicher Freund gesellte sich ebenfalls dazu: *„Entspann dich etwas.“* Ausnahmsweise.

Entspannung, Ruhe. Alles war gut. Auf der Couch liegend, kam dann Langeweile auf. Warum habe ich ihn nicht angerufen?, dachte ich.

Kürze

Das Training war abgeschlossen. Das Versprechen des Tages war erfüllt. Der Tag hatte begonnen. Sonne: Es war licht.

Weiter im Programm. Wir fuhren zu einer Hütte. Dort folgte das Abenteuer: Grill. Alle wussten wir es. Nur niemand sprach es aus. Sein Name war verpönt. Nach dem Essen allerdings wurde der Drang zu groß.

Wir sahen erwartungsvoll auf den Bildschirm der Smartphones. Dann holten wir seine Karte sowie die Wechselgeldscheine heraus. Der nicht überraschende Anruf folgte: Sven.

Wir unterhielten uns drei- oder viermal kurz, sprachen schnell. *„Noch einmal!“*, rief er motiviert. Ausnahmsweise, weil du es bist. Ich zwinkerte. Die Zeit begann daraufhin wieder zu fliegen.

Wir saßen im Auto, waren auf dem Weg nach Graz. Ich wollte am Abend auf eine Feier. Vorher musste ich mir allerdings noch ein spontanes Versprechen erfüllen. Und er wollte mich dabei unterstützen. Oder war ich es, der seine Unterstützung wollte? Wieder zwinkerte ich. Nach der Ankunft zu Hause startete ich sogleich.

Der Lauf war eine Offenbarung. Es war bereits am frühen Abend. Sonnenuntergang. Wind. Euphorie. Alles war passend; mein Tempo war stimmig. Das Grün von Eggenberg erheiterte mein Gemüt. Alles war getaktet: Atem und Schritte; jeden davon setzte ich mit Bedacht. Motivation war die gesamte Länge der Stecke meine Begleiterin. Mein Herz schlug deutlich schneller als üblich.

Aufregung, dann Endorphine und noch mehr Noradrenalin. Die untergehende Sonne signalisierte es: Ziel.

Ich glitt nach Übertritt der Linie in den Gehschritt über. Zufrieden spazierte ich eine Runde durch die Nachbarschaft. Gangbild: Meines war jetzt flüssig. Ich war entspannt. Den anderen Fußgängern war ich wohlgesonnen: lächeln. Ich hatte mir alle meine Versprechen erfüllt.

Zu Hause angekommen, ging ich sogleich unter die heiße Dusche. Die Party konnte beginnen. *„Nur noch kurz, schnell“*, rief jemand von der Küchentheke aus. Fast hätte ich dich vergessen.

Sein

Mein rechtes Knie schmerzte. Der Lauf war eine Spur zu intensiv gewesen. Auch die Schlaflosigkeit trug ihren Teil dazu bei. Ich gab ihm jedoch keine Schuld. Gedanken: Ich musste meine erst sortieren. Der Abend und die Feier waren gut gewesen. Ich war einfach nur gewesen. Wer war ich gewesen? Mein wahres Selbst.

Spaziergang. In jenem Moment schlenderte ich über die Mur. An das letzte Gespräch konnte ich mich nicht erinnern. Jedoch war die Motivation noch vorhanden. Der Morgen konnte somit beginnen. Die Momente der letzten Nacht hatten mich erfüllt. Wen hatten sie erfüllt? Mein wahres Ich.

Nach knapp 45 Minuten trat ich verschwitzt in meine Wohnung ein. Ich nahm bestialischen Gestank wahr. Die Dusche danach hatte daher auch symbolischen Wert: Reinheit, Sauberkeit, Desinfektion.

Danach frühstückte ich ausgiebig. Auch externe Vitamine führte ich mir zu. Ich wusste, dass er mich dieser beraubte.

Nach dem Frühstück ging ich hinaus auf die von der Morgensonne erleuchtete Terrasse. Entspannung, Sonne, Licht, dann realisierte ich: Die Nacht war zu Ende. Der Tag hatte begonnen: tun. Ich musste etwas tun.

Erstmalig setzte ich mich an meinen Schreibtisch: Laptop. Ich begann zu schreiben; versuchte, das Wochenende zu rekonstruieren, Bruchstück für Bruchstück, Augenblick für Augenblick. Ich war im Modus. Ich schrieb:

25.07.2021

Liebes Tagebuch,

in gefühlten Minuten hat es sich abgespielt. Geschlafen habe ich das letzte Mal am Freitag. Oder ist es doch am Donnerstag gewesen? Egal. Mit dem Nachtbus bin ich nach der Unterhaltung mit ihm in die Stadt gefahren.

Obwohl er die Zeit über bei mir gewesen ist, haben wir nur selten miteinander gesprochen. Aus mehrerlei Gründen habe ich seinen Input dieses Mal nicht so häufig gebraucht. Wenn ich ich *schreibe, meine ich damit mein wahres Ich.*

Sein: Ich bin an etwas dran

Plötzlich konnte ich mich erinnern. Unser letztes Gespräch wurde unterbrochen. Ich war auf der Toilette und vergaß, die Tür zu verschließen. Überraschend ging sie auf: Eine schöne blonde Frau stand vor mir. Wir sahen uns in die Augen: Stille, beidseitige Verlegenheit.

Sie entschuldigte sich. Dann verschloss sie die Tür wieder. Ihr war sofort alles klar gewesen. Wir ließen uns von unserem Vorhaben nicht abhalten: Energie.

Dann an der Bar: Ich gesellte mich zur blonden Frau, erfragte ihren Namen. Wir begannen miteinander zu sprechen. Sie kannte einen der anderen Gäste gut, war mit ihrer Freundin hergekommen. Freunde hatte sie keine dabei. Auch hatte sie mit keinem meiner gesprochen. Ich bewunderte sie. Und ich mochte sie vom ersten Augenblick an. Ihre Nummer gab sie mir nicht. Jedoch verbanden wir uns über ein soziales Netzwerk: Glücksgefühle, Chance, Wiedersehen.

Den restlichen Abend lang war ich einfach. Wer war ich? Liebe. Ich war Liebe, hielt keine Schilder vor mich hin. Ich versuchte niemanden mit meinen Leistungen zu beeindrucken. Ich dachte an Sex, realisierte die Unwichtigkeit dessen für mich. Am Ende wollte ich nur eine Verbindung schaffen: mit einem Menschen, mit einer Frau. Ich wollte jemanden finden, bei dem ich sein konnte. Wer konnte ich noch sein? Wer war ich sonst?

Um 06:00 Uhr war die Party zu Ende. Ich hatte mich ausgelebt. Die Erfahrung konnte nicht mehr schöner werden. Der Moment war alles. Und er verging letztendlich. Alles war vergänglich. Es gab nur den Augenblick: das Sein an sich.

Ich starrte auf den Bildschirm meines Laptops: Worte. Ich fand keine geeigneten mehr. Der Eintrag war abgeschlossen.

Mein Freund war nachhause gefahren. Ausgiebig hatten wir uns über die Vergangenheit unterhalten. Nostalgisch wurde ich nicht zuletzt aufgrund seines Einflusses. Schwer würde der Abschied bis Oktober werden. An endgültige Trennung war nicht zu denken. Nach der Reha würden wir uns wiedersehen.

Es war mittlerweile 13:00 Uhr. Ich hatte mich noch ausführlich mit meinem anderen, gemütlichen, Freund unterhalten. Dabei konnte ich jede Menge neuer Inputs sammeln. Jetzt war es an der Zeit, sich wieder körperlich zu aktivieren. An Schlaf war weiterhin nicht zu denken. An Training jedoch auch nicht. Eine kleine Wanderung auf den Steinberg würde es letztendlich werden. Korrektur: Eine Wanderung würde es sein.

Sein: das Wort aller Wörter. Der Schlüssel zu einem erfüllten Leben. Und das einzige, was wirklich war. Wer war ich in meinem tiefsten Kern? Ich wusste es tief im Inneren.

Geburtstag

Täglich grüßt das Murmeltier: Der Wecker läutete. Dann folgte eine Realisation: Geburtstag. Ich hatte Geburtstag; ein Dekadenwechsel hatte stattgefunden. Ich war offiziell in die vierte Dekade meines Lebens übergegangen.

Eingeleitet wurde auch diese von einem schnellen Heimworkout und einer darauffolgenden kalten Dusche. Dann machte ich es mir mit Kaffee und Buch gemütlich. Dem Gelesenen zu folgen, fiel mir jedoch schwer. Ich wollte sie treffen, besonders ihn. Mein Blick fiel auf das Smartphone. Gegen 07:00 Uhr schaltete ich es ein.

Vibrationen: Glückwünsche kamen zum Vorschein; Liebe wurde spürbar. Etliche Nachrichten folgten. Sowohl auf WhatsApp, auf Facebook und auch auf Instagram: Die Menschen gratulierten mir. Mein innerster Glaube war kurzzeitig negiert; ich fühlte mich wertvoll. Und ich beschloss es vor dem Aufbruch zu meinem morgendlichen Spaziergang: Ich würde an diesem Tag nichts anderes als Liebe sein.

Der letzte Abend hat früher als erwartet geendet. Bob: Die erstmalige Kontaktaufnahme seit drei Monaten endete deutlich schneller, als ich es mir erwartet hatte. Trotzdem war es angenehm gewesen. Ich war nicht in der Lage gewesen, ihm lange zuzuhören Die kreativen Einschübe blieben gänzlich aus. Müdigkeit: Sie brach über mich herein. Ich musste mich hinlegen. Das Band der Freundschaft war jedoch wieder um uns gewickelt.

Mein anderer Freund löste das Gegenteil aus: Wachschub. Auch er würde am Abend zur Party kommen. Genauer gesagt *war* er die Party. Seit jeher drehte sich bei diesen alles um ihn. Die Uhr tickte. Ich musste vorher noch einiges erledigen. Versprechen: Meinem Selbst konnte ich keine billigen Ausreden aufschwatzen. Wobei – vielleicht ließ es sich ja kombinieren. Der Tag würde es mir schon zeigen.

Morgenspaziergang. Die Wolken verdeckten das Licht dieses Mal. Ich hatte jedoch Geburtstag, wollte mir das Licht deshalb hineinholen. Kurzfristig entschied ich mich dann. Spontaneität siegte bekanntlich. Nach der Ankunft zu Hause zögerte ich keine Sekunde. Der Anruf folgte prompt: *„Du kannst es nicht erwarten"*, sagte er mir in der Küche. Nein, schließlich habe ich Geburtstag. Dann zog ich auf.

Meine Eltern kamen dieses Mal recht früh zu Besuch. Sie wussten, dass ich am Abend verplant war. Beide strahlten sie bei ihrer Ankunft. Aus irgendeinem Grund schienen sie stolz auf ihren Sohn zu sein. Meine Mutter war extra in den nächsten Ort einkaufen gefahren. Die Tradition musste aufrechterhalten werden: Marzipan-Torte. Mamas Liebe war spürbar, mein Gewissen ebenfalls.

Beim Abschied drückte ich meine Eltern mit aller Kraft an mich. Meinen Vater würde ich zwei Wochen nicht wiedersehen. Meine Mutter würde mich am Sonntag zum Flughafen fahren. Nach zweijähriger Corona-Pause war es wieder soweit: Amsterdam. Ich hatte die Reise kurz nach dem erfolgreichen Abschluss meines ersten Marathonlaufes gebucht. Hochmut: Er kommt bekanntlich vor dem Fall.

Nach dem Abschied ging ich sogleich ungeduldig in meine Küche. Wieder wählte ich seine Nummer. Wieder holte ich seine Karte heraus. *„Du kannst es nicht lassen, oder?"*, fragte er wieder. Nein, heute ist mein Geburtstag. Und ich hatte dieses Mal wirklich Geburtstag. Schnell ging er hinauf. Erleichterung und Motivation blieben zurück.

Plötzlich im Fitness-Studio: Versprechen. Auch mein Geburtstag war letztendlich keine Ausrede. Aufgrund seines Einflusses ging das Training besonders intensiv vonstatten. Ich nahm keine Scheibe vom Kniebeugen-Ständer; das Gewicht häufte sich auf der Stange. Ich wollte ein Statement setzen. Danach knipste ich Fotos. So viele Perspektiven wie möglich mussten es sein: Moment – er war alles. Ich wollte ihn einfangen und nicht mehr rauslassen. Und wir sahen im Gegenwärtigen besonders gut aus.

Zu Hause angekommen, hatte ich keine Zeit zu verlieren. Schnell entpackte ich meine Sachen. Während er mir zusprach, überlegte ich schon die nächsten Schritte. Auch spürte ich ein sanftes Kribbeln auf der Haut. Aufregung: Er ließ es mich spüren. Ich verzichtete dieses Mal auf einen Kaffee. Dann begann ich zu schreiben:

29.10.2021

Liebes Tagebuch,

heute habe ich alles außer Liebe aus meinen Gedanken und Handlungen verbannt. Ich habe es bereits am gestrigen Abend beschlossen. Heute bin ich nichts außer Liebe. Der ganze Tag ist von ihrer Macht geleitet geworden. Ich liebe meine Familie und meine Freunde über alles. Und ich habe es ihnen mehrmals gezeigt.

Auch eine andere große Kraft hat ihren Weg zu mir gefunden: Dankbarkeit. Ich bin den Menschen in meinem Leben dankbar für die Momente, die sie mir immer wieder schenken. Ich habe daher zu meinem Sein der Liebe auch Dankbarkeit dazu gemischt. Damit gehe ich sicher, heute bei der Party als nichts außer mein bestes Selbst aufzutreten. Ich will dieses über die gesamte Dauer sein. Sein.

Auch gibt es nichts, das ich heute bedauere. Der Tag ist exakt so gewesen, wie ich ihn mir vorgestellt habe. Bald werden die ersten Gäste in meine Wohnung kommen. Danach werden wir vermutlich in die Stadt fahren. Es wird die erste offizielle Party seit dem Corona-Jahr 2020 für mich. Ich bin daher, das gebe ich zu, etwas aufgeregt. Gott sei Dank ist er bei mir. Obwohl er meinen Puls zum Rasen bringt, beruhigt er mich.

Danach duschte ich mich wieder. Der Schweiß rann mir von der Haut. Die Besuche hinterließen immer Spuren. Er war wieder bei mir. Die Pause war vorbei. Alles war wieder beim Alten. Es gab kein Entkommen. Der Ausgang des Tunnels war versperrt. Das Licht war nicht sichtbar.

Plötzlich läutete es an der Tür: der erste Gast. Euphorisch machte ich auf. Er rief aus der Küche: *„Ich werde euch heute begleiten.“* Ich liebe dich. Letztendlich hatte ich heute Geburtstag.

Dichter Rauch bildete sich vor der geöffneten Terrassentür. Es zog kalt in die Wohnung. Eskalation: Sie war vorprogrammiert.

Uhr

Kurz nach Mitternacht waren wir in der Stadt. Die Hälfte meiner Kollegen hatte sich bereits verabschiedet. Die andere Hälfte war immer noch anwesend. Ich war immer noch Liebe. Er stand mir immer noch bei. Das erste Mal an diesem Abend wurde es mir bewusst: Reise. Amsterdam. Morgen. Bald musste ich aufbrechen. Die Uhr tickte. *„Gehen wir tanzen“*, schlug er vor. Also gut, tun wir es.

Dann war es bereits 04:00 Uhr am Morgen. Die Räume des Lokals leerten sich. Die Menschen verließen nach und nach die Feier. Für uns war weiterhin nicht an Schlaf zu denken. Trotzdem: Die Motivation schwand langsam. Keiner von uns wollte die Tatsache beim Namen nennen, jedoch war die Party bereits zu Ende. Der Abschied folgte.

Am Weg nachhause schwelgte ich wieder in ihnen: Gedanken. Der Moment war alles und vorbei gewesen. Aber auch die Dekade war nun gebührend abgeschlossen worden. Wobei ich schon ein wenig enttäuscht war: Etwas fehlte. Immer hatte ich mich abgelenkt. Immer hatte ich mir Ziele gesetzt. Immer hatte ich an mir gearbeitet. Sie aber fehlte. In den einsamen Augenblicken bemerkte ich es.

Nach meiner Ankunft duschte ich mich erstmal heiß. Weitere Gedanken. Die Zeit verging. Hatte nicht mehr viel davon. Musste meine nächsten Schritte gut überlegen.

Schlafen würde ich nur für wenige Stunden. Hatte es mir so ausgesucht, übernahm Verantwortung für meine Entscheidungen. Trocknete mich dann ab. Zog mir dann etwas an und etwas auf: „*Gehen wir schreiben*“, schlug er vor. Eigentlich eine gute Idee.

Ich ging in mein Arbeitszimmer. Dann setzte ich mich an meinen Schreibtisch: Laptop. Smartphone. Beides bediente ich simultan. Dann sah ich sie: E-Mail; Flughafen. Dann folgte die wiederholte Realisation: Bald schon würde ich im Flugzeug sitzen. Bald schon würde ich in die Stadt der Freiheit fliegen. Die Uhr tickte. Er machte mich nun nervös. Ich musste mich bewegen. Wohnung.

Ging in die Küche, brauchte Wasser. Dort sah ich ihn wieder. Kurz überlegte ich. Die Entscheidung traf ich schnell. „*Tun wir etwas*“, sagte er. Tun wir es. Die Uhr tickte.

Freiheit

Verwirrung schlug ein: Zimmer. Menschen. Realisation: Ich war in Amsterdam. Befand mich in einem Hostel der Stadt der Freiheit. Es war der bereits vierte Tag seit meiner Ankunft. Meine großen Versprechen hatte ich bereits gebrochen, die darauf basierenden Ziele aufgegeben. Wie üblich hatte ich mich in seinen Bann ziehen lassen. Ich wollte nur noch Entspannung. Stagnation begann die Richtung vorzugeben. Reue war die Konsequenz.

Meine Zähne putzte ich mir noch. Dann ging hinaus vor die Unterkunft. Und dann tat ich es wieder: Unterhaltung; Bob. Ich ließ mir seine süßen Worte durch den Kopf gehen: *„Entspann dich“*, sagte er mir. Aber sowas von. Ich grinste schelmisch und meine Augen leuchteten rot. Ich blickte mich im Außenbereich um: Menschen. Alle Nationalitäten waren vereint. Und wir taten alle das Gleiche. Überall sah ich unterschiedlichste Gestalten. Oh du überwältigendes Amsterdam, sagte ich mir immer wieder.

Ich befand mich in einem Zustand der Selbstisolation. Der Alptraum begann sich langsam wieder aufzubauen: Corona-Tests. Verbote. Impfen. Wieder fühlte ich mich wertlos. Wieder fühlte ich mich von der Gesellschaft ausgeschlossen. Wertlosigkeit. Mein fundamentaler Glaube kam seit dem ersten Lockdown erstmalig zum Vorschein. Der Marathon war Geschichte. Das daraus resultierte Selbstvertrauen war hinfort. Ich brauchte Ablenkung. Bob: Er war wieder bei mir.

Der Plan für den Tag lautete: Fitness-Studio. Zu sehr hatte ich die körperliche Aktivität vernachlässigt. Etwas in mir rief mich aus. „*Entspann dich*“, sagte er. Nicht du. Etwas anderes. War es mein Gewissen? Mein Sein? Wollte es mir etwas sagen? Tief im Inneren wusste ich es. Mein Lebensstil war nicht richtig. Zeit: Ich brauchte ein wenig. Musste mich sammeln. Nach mehrmaliger Überprüfung meines Sportsäckchens spazierte ich los.

Der Ausblick war magisch: Grachten, Brücken, Häuser, Ziegel. Die Stadt hatte etwas für sich Eigenes. Ich nutzte den Spaziergang um nachzudenken. Wann war es so ausgeartet? Warum hatte ich das permanente Gefühl, wertlos zu sein? Warum traute ich mich keine anderen Menschen authentisch anzusprechen? Warum unterhielt ich mich nur noch mit ihm?

Dann Realisation: Ich war mit Erwartungen hingeflogen. Ich hatte mir von meinem ersten Urlaub seit zwei Jahren Corona-Pause zu viel erwartet. Und die Schwester der Erwartung heißt Enttäuschung.

Ankunft Fitness-Studio. Das Training war intensiv. Nach dem Aufwärmen ging ich sogleich an die Gewichte. Ego: Ich nahm Videos von jeder Ausführung der Übungen auf, brauchte Material für Instagram. Musste mich anderen Menschen zeigen, die Fassade aufrechterhalten. Menschen waren reichlich vorhanden. Ich wurde unachtsam: Kante. Ich übersah sie beim Abnehmen meiner Kamera, schlug mir den Kopf an: Schmerzen, Blut.

Ein Kollege bemerkte es gleich: Scham. Wertlosigkeit. Ich wusste es. Mein Glaube kam wieder zum Vorschein. Er empfand Mitgefühl.

Dann eine Überraschung: Er brachte mir Papiertücher. Entkräftigung. Glaube: Ich fühlte mich plötzlich geliebt. Die Menschen hier waren real. Mein Konflikt war internal. Er war nicht real. Oh du liebendes Amsterdam, sagte ich wieder und wieder überzeugt.

Nach Abschluss der Trainingseinheit ging ich mit Endorphinen gefüllt zurück in das Hostel. Ich duschte mich heiß ab, bereitete mich auf den Abend vor. Der Plan war simpel: zuerst Covid-Teststation, dann Coffee Shop. Gegessen hatte ich bereits. Ich stieg in die Metro. Das Ziel hieß: Central Station.

Der Eintritt in den Bulldog's Coffee Shop gestaltete sich etwas kompliziert. Mein Test-Ergebnis kam verspätet an. Ich musste warten. Unmut: Ich hatte nicht damit gerechnet. Dachte, die Stadt der Freiheit ginge anders mit dem Thema um. Die neue Normalität hatte sich bereits über dem gesamten europäischen Raum ausgebreitet. Was würde noch kommen?

Auf meine scherzhafte Bemerkung über meine Legalität im Lande reagierte der dunkelhäutige Security-Mitarbeiter ganz und gar nicht freundlich. Ich sollte den Leuten nicht den Weg versperren. Fassungslosigkeit. Dann kam sie wieder zum Vorschein: Wertlosigkeit. Ich begann, es wieder zu glauben. Oh du kaltes Amsterdam, nuschelte ich traurig.

Nach Eintritt in den Coffee Shop war Schicht im Schacht. Wieder saß ich alleine mit ihm. Wieder unterhielten wir uns ausgiebig. *„Du musst dich etwas entspannen“*, sagte er mir. Du hast recht. Und er hatte recht. Ich war schließlich im Urlaub. Ich war in Amsterdam: der Stadt der Freiheit, der Stadt der Wertlosigkeit.

Kälte

Die Wohnung war sauber. Das Training war abgeschlossen. Die Taschen waren gepackt. Beide waren sie dabei und bereit. Die Fahrt war gebucht. Es konnte losgehen.

Ich begab mich zur Bushaltestelle. Die Bim fuhr zum Hauptbahnhof. Von dort aus würde ich mit dem Zug nach Wien weiterfahren. Ich wollte einen alten Freund besuchen. Außerdem brauchte ich Abstand. Spazierend zur Plattform, sah ich auf die Uhr. Zeit: Sie reichte aus. *„Mach es dir gemütlich"*, sagte er. Alles klar. Schließlich würde die Fahrt fast zwei Stunden dauern. Und im Waggon war Rauchen verboten.

Die Zeit nach Amsterdam war nicht leicht für mich gewesen: neue Normalität. Sie kehrten zurück: Maßnahmen, Corona, Lockdown. Es war bereits der dritte solche. Alles ging wieder von vorne los. Der Alptraum schien kein Ende zu nehmen. Etwas anderes schaffte mir zusätzlichen Unmut: Impfdruck. Wir sollten uns impfen lassen. Unsere Freiheit hing an der Nadel. Ich fühlte mich ausgestoßen. Es war kalt.

Im Zug angekommen: Ich suchte mir einen geräumigen Platz. Mein Schreibwerkzeug brauchte Raum. Notizblock, Kugelschreiber, Laptop. Aufgrund der geringen Auslastung fand ich einen freien Tisch. Weiterer Glückstreffer: Die Toilette befand sich direkt vor uns. Wir hatten uns noch einiges zu erzählen. Aufregung. Ich spazierte nach der Besetzung der Sitze hinüber. *„Schnell!"*, sagte er. Alles klar.

Dünner Schweiß bildete sich auf meiner Stirn. Trotz erhöhter Herzfrequenz fühlte ich sie: Entspannung. Dann wollte ich etwas tun; schaltete den Laptop ein. Mein Sitznachbar erzählte mir von seiner Lebensgeschichte. Ich hörte ihm zu. Er freute sich. Ich ermutigte ihn, so weiterzumachen. Niemals aufgeben, sagte ich. In Wahrheit interessierte es mich nicht. Seine Geschichte ließ mich kalt.

Dann Instagram: Wieder musste ich die Fassade aufrechterhalten. Die Menschen hatten ein Bild von mir. Ich wollte sie inspirieren, wollte es meinen Helden gleichtun. Etwas stimmte jedoch nicht. Ich fühlte mich nicht wie sie. Etwas an meinem Verhalten stimmte nicht. Ich fühlte mich nicht authentisch. Nachwirkungen: Sie wurden an meinen Augenringen sichtbar.

Das Gefühl war gut. Euphorie: Ich spürte sie von den Genitalien bis hinauf ins Gehirn. Gelassenheit: Ein Hauch durchströmte meinen Körper. Die Kombination machte es aus. Mein Selbstvertrauen war hoch. Ihre Stimme hörte ich nicht. Seine schon.

Der Zug fuhr gegen den Abhang. Mir war kalt.

Zeichen

Ich war enttäuscht. Ich war müde. Ich wollte das Jahr abschließen. Ich wollte feiern.

Trübheit: Die Dauer-Lockdowns hinterließen Spuren. Sie wurden anstrengend. Das konstante Hören der Radionachrichten laugte mich aus: Infektionszahlen, Tote, Überlastung des Gesundheitssystems. Und letztendlich: eine Impfpflicht. Unsere Regierung überschritt die Grenze tatsächlich. Auch die letzten Unwilligen sollten so zum Gehorchen gebracht werden. Wir galten als Feinde des Systems, des Status quo.

Silvesterabend. Ich betrat die Wohnung einer Freundin. Die Einladung zur Feier erfolgte spontan, meine Zusage ebenfalls. Ich brauchte Gesellschaft. In der neuen Normalität nannte man sie soziale Kontakte. Für mich waren es einfach andere Menschen. Und ich brauchte Intimität: Frauen. Ich brauchte weibliche Gesellschaft.

Beim Eintritt in das Wohnzimmer sah ich sie: junge Frau, blond. Sie passte in mein Beuteschema. Sie rauchte wie ein Schlot. Und sie hatte ebenfalls Kontakt zu ihnen: Sven, Bob und noch anderen. Sie war perfekt. Mein Testosteronspiegel schoss empor. Erwartungen: Ich baute erste auf.

Langzeitarbeitslosigkeit: Diese trug einen weiteren Teil zu meiner trüben Stimmung bei. Mir war es mittlerweile peinlich. Und es fühlte sich nicht richtig an. Tief im Inneren wusste ich warum: Sein; ich war das nicht. Wann immer das Thema aufkam, schwenkte ich zu etwas Anderem um. Die Ausrede mit den Lockdowns zog nicht mehr. Jemand anderes allerdings schon; blickte auf den Glastisch.

Gerade hatten wir ihn angerufen. Schnell war er hier gewesen. Grammweise Motivation ließ er zurück. *„Einmal geht noch!"*, sagte er dieses Mal euphorisch. Mindestens. Wir hatten uns viel zu erzählen. Die aktuellsten Ereignisse ließen keine andere Möglichkeit zu. Den ganzen Tag sprachen wir schon darüber: Schleim. Taschentuch.

Danach knipste ich jede Menge Selfies von uns. Jede *Perspektive* wollte ich einfangen. Der Moment war alles. Leben bedeutete Gesellschaft. Menschen waren soziale Wesen. Alkohol enthemmte. Berührungen wurden wieder normal. Aussagen wurden wieder unbedacht getätigt. Plötzlich ohrfeigte sie mich: Ratlosigkeit. Warum hatte sie das getan?

Gedanken: Ich musste wohl etwas Falsches gesagt haben. Er ließ mich oft unbedacht sprechen. Ich musste zurückrudern, ging *meinen* Pick-up-Plan noch einmal durch. Lob des Sexismus: Ich entschuldigte mich für meine Bemerkungen, wusste nicht einmal, für welche. Sie beruhigte sich. Ich berührte sie wieder leicht am Arm, traute mich aber nicht ganz. Irgendetwas hemmte mich; ich konnte nicht ich selbst sein. Welches Selbst?

Tiefkühlpizzen: Sie schmeckten gut. Meine Freundin scheute keinerlei Mühe und Kosten. Sie wollte uns allen einen guten Abend bescheren. Liebe: Ich spürte sie, fühlte mich geliebt. Nach dem Hauptgang folgte sogleich der Nachtisch: Anruf; Sven. Er kam jedes Mal schneller, verzog sich dann sogleich. Wieder hinterließ er Motivation, wieder Schleim in der Nase: Taschentuch. Ich musste durch den Mund atmen.

Eine halbe Stunde vor Mitternacht begaben wir uns ins Freie. Offizielles Feuerwerk gab es keines, die Menschen ließ das jedoch kalt. Raketen. Böller. Sie erleuchteten die Stadt. Rauchwolken bildeten sich zunehmend. Es begann zu stinken. Das Jahr war vorbei. Der Wahnsinn jedoch nicht. Bald würden sie neue Maßnahmen ankündigen. Wut.

Ich hatte mir Ziele gesetzt. Und ich war gewillt, wollte mich nicht mehr mit Ausreden abgeben. Mein höheres Selbst sprach zu mir, ich konnte es hören, wollte es nicht länger ignorieren.

Dann passierte es wieder: Schlag; Gesicht. Warum jetzt? Wieder hatte ich eine unpassende Bemerkung gemacht. Wieder nahm ich diese zurück. Wieder war ich enttäuscht. Wieder wählte ich seine Nummer. Allerdings konnte ich nicht mehr mit ihm sprechen. Meine Lippen ließen keine Worte zu.

Mein höheres Selbst: Es sprach zu mir, ich konnte es deutlich hören. Ich nahm es als Zeichen. Die Zeit war gekommen. Ich musste Verantwortung übernehmen: Veränderung. Leben. Jetzt.

Ruhe

Ich erwachte aus einem tiefen Schlaf, sah auf die Uhr, erschrak: bereits 11:00 Uhr. Ich sammelte mich. Dann begriff ich etwas: Neujahr. Es war der bereits zweite Tag im Jahr 2022: Sonntag.

Ich stand auf, ging ins Badezimmer, duschte mich kalt ab. Nach dem Eintritt ins Wohnzimmer begriff ich etwas Weiteres: Ich war alleine, hörte erstmals keine Stimmen.

Wie üblich begann ich den Tag mit einer großen Tasse Kaffee, las ein paar Seiten in meinem Buch, schrieb wichtige Erkenntnisse in mein Journal. Ein neues Jahr, ein neuer Tag, ein neues Blatt. Alles war offen. Der Nebel hatte sich verzogen. Licht wurde sichtbar.

Nach einem ausgiebigen Frühstück überlegte ich kurz. Dann beschloss ich, es zu tun: Wandern, Steinberg. Gesagt getan: Ich ging hinaus. Auf dem Weg sah ich viele Menschen. Alle hatten wir den gleichen Einfall. Der Fokus auf die Umgebung fiel mir dieses Mal leichter: Winter, alte verwelkte Blätter, klarer blauer Himmel.

Der Weg wurde steiler. Erster Schweiß bildete sich unter meiner Mütze. Mein Kopf war bis zum höchsten Punkt entspannt leer. Nach der Ankunft am Gipfel aber änderte es sich: Stimmen. Wiederholt machte er sich hörbar: *„Wir sollten reden. Wann kann ich zu dir kommen?“*, flüsterte er. Hmm. Ich sagte nichts. Jedoch wusste ich es bereits.

Ich hörte erstmals auf, mich zu belügen; dachte über mein Leben nach. Chaos: Es waren etliche Bereiche. Teils schien es überwältigend. Der Drang, ihn anzurufen, stieg nach einem Blick auf das Chaos. Dann wieder eine Realisation: Ich war nicht mein Drang, war nicht meine Triebe, war nicht meine Sucht. Und ich war letztlich nicht meine Gedanken. Ich war, was ich tat!

Ich ging weiter, kam ihr näher: Wahrheit, meiner Wahrheit. Von jenem Zeitpunkt an wollte ich dauerhaft ehrlich sein. Sein: das Wort aller Wörter. Meines brauchte eine neue Ausrichtung. Keine Ausreden mehr, keine Begründungen für Stagnation irgendeiner Art, kein Tolerieren mehr eines nicht funktionierenden Seins. Mein Selbst: Ich musste die Arbeit daran machen.

Nach fast zwei Stunden kam ich zu Hause an; betrat meine Wohnung. Chaos: Ich blickte darauf, dachte wieder nach.

Ich hatte es mir schon oft vorgenommen: aufräumen. Ich musste aufräumen. Ich musste ihre multiplen Verstecke ausmisten: Abstellraum, Kühlschrank, Gefrierfach. Ich musste sie loswerden. Besser: Ich war gewillt, sie loszuwerden.

Ich setzte mich in mein Arbeitszimmer. Dann begann ich zu schreiben:

02.01.2022

Liebes Tagebuch,

morgen beginnt ein neuer Tag und eine neue Woche. Morgen ist der erste Montag des neuen Jahres. Ich habe in den letzten Monaten täglich nachgedacht. Und ich bin zum Schluss gekommen, dass das keine Art zu leben für mich ist. Auch habe ich mich jetzt lange genug zugelabert, ohne etwas zu verändern. Und ich habe es satt. Ich möchte nicht mehr in ihrem Schatten leben. Ich möchte keine Stagnation mehr erfahren.

Ich möchte mein Leben im Kontext der Wahrheit leben. Die Wahrheit: Ich definiere meine durch Sprache. Und ich bin gewillt, ein Leben im Kontext meiner Wahrheit, meines Seins, zu leben. Was ist mein Sein?

Ich habe eine Vermutung. Und ich höre es bereits seit langer Zeit. Es spricht täglich mit mir. Jedoch habe ich dessen Stimme in den letzten Jahren ignoriert. Stattdessen habe ich auf die anderen Stimmen gehört und gemacht, was sie mir gesagt haben. Deshalb habe ich mich auch immer wie der letzte Dreck gefühlt.

WER BIN ICH?

Ich werde es mir in den nächsten Monaten beantworten.

Ich tat an diesem Tag nicht mehr viel. Der zweite Tag im Jahr 2022. Gedanken: Sie waren die Schatten der Wörter. Wörter: Sie waren die Schatten der Taten. Ich wollte mein Leben nach letzteren ausrichten. Sie waren es, die mich letztendlich sein ließen. Taten waren es, die dieses letztendlich bestimmten: mein Sein.

Nach dem Abendessen machte sie sich plötzlich bemerkbar: Stimme; Ungeduld. Ich ging spazieren, war dieses Mal sehr schnell unterwegs, atmete durch meine mittlerweile wieder freie Nase ein. Ich dachte nach. Veränderung: Sie war die einzige Konstante im Leben. Zeit: Ich hatte keine zu verlieren.

Ankunft. Zu Hause. Beruhigung. Geduldig schloss ich zuerst meine Tür ab. Dann erledigte ich meine Abendroutine; duschte mich heiß ab, putzte mir die Zähne, ging auf die Toilette, sah in den Spiegel: Erwachen.

Dann ging ich hinaus. Ich setzte mich an meinen Terrassentisch, nahm die verdächtige Ruhe wahr. Und letztendlich rief ich ihn an. *„Gehen wir schlafen"*, flüsterte er. Ein letztes Mal noch.

Nachwort und Danksagung

Die Erstellung von *„Lockdown"* habe ich bereits im Sommer 2020 unter dem Arbeitstitel *„Abenteuer mit Sven und Bob"* begonnen. Aufgrund privater Umstände sowie der Unüberschaubarkeit der Situation habe ich das Projekt jedoch wieder abgebrochen und mich anderen, zu jener Zeit dringenderen, Lebensbereichen gewidmet.

Erst zu Beginn von 2023, nach dem Ende aller Maßnahmen der Regierung und aus nüchterner Perspektive, habe ich den Recherche- und Schreibprozess wieder aufgenommen. Ich habe das Buch dann während zweier Urlaube in der Steiermark neu verfasst und am Ende des genannten Jahres schließlich fertiggestellt.

Da es für mich aufgrund der menschlichen Vergesslichkeit unmöglich wäre, mich bei allen, die etwas zum Gesamtwerk beigetragen haben, einzeln zu bedanken, habe ich die folgende Danksagung auf ein paar bestimmte Personen, ohne die das Buch es wohl niemals an das Licht der Öffentlichkeit geschafft hätte, eingegrenzt. Diese möchte ich in folgenden Absätzen erwähnen:

Meine Eltern, Marica und Jakub Okic, ohne die ich weder mit den Möglichkeiten ausgestattet geworden wäre ein selbstständiges Leben zu führen noch sonst irgendetwas von Belangen hätte fertig stellen können.

Ihr beide habt mir alles ermöglicht und ein einfaches Danke würde nicht ausreichen, um zu beschreiben, was ich für jeden von euch empfinde. Allem voran bedanke ich mich für die Vermittlung eures Durchhaltevermögens, welches ihr mir beim Bau von zwei Häusern und der Abzahlung der jeweiligen Kredite deutlich zur Schau gestellt habt. Ihr habt mir schon sehr früh beigebracht, dass man, wenn man etwas haben möchte, Opfer in Form von Verzicht dafür bringen muss. Damit habt ihr den Grundstein für den Aufbau meiner Disziplin gelegt und dadurch bin ich zu dem starken Menschen geworden, der ich heute bin. Ohne diese Disziplin hätte ich es letztendlich niemals geschafft dieses Projekt abzuschließen.

Hvala vam i voli vas vaš sin od srca.

Benjamin Riegler, für das Lesen meiner unzähligen Texte, die wertvollen Inputs für das Cover und den Vorschau Text sowie die Ermutigungen das Projekt *„Lockdown"* so fertigzustellen und zu veröffentlichen, wie ich es mir gewünscht habe.

Dein Schaffen als Musiker hat mich zudem ebenfalls inspiriert, dieses Buch erst in Angriff zu nehmen. Letztendlich bedanke ich mich aber am meisten für deine langjährige Freundschaft. Du bist für mich der Bruder, den ich niemals gehabt, mir aber insgeheim immer gewünscht habe.

Danke Brudere und eine Liebe!

Nermin Bošnjaku für die Erzählung der Geschichte vom Bosnienkrieg und dem Leben unter diesen Umständen bis zur Veröffentlichung seines Buches.

Ti si mi sa svojom pričom od svojoj nesalomljivost i izdržljivost dao centralni pogon i inspiraciju da završim ovu knjigu. Puno mi znači da sam te upoznao u Sarajevu i radujem se kad te vidim opet i dam ti moju knjigu u ruke.

Hvala ti za sve brate moj!

Ingmar Zentner für die Ermutigung während meiner ersten Reha in Bad Radkersburg wieder mit dem Laufen zu beginnen und damit in weiterer Folge die Leidenschaft für das Schreiben zu entdecken.

Ich weiß nicht, ob ich ohne die Physiotherapie-Einheiten mit dir jemals auf meinen Weg zurückgefunden hätte. Ich werde dich stets als Licht für die Entdeckung meines Schreibmotors in Erinnerung behalten. Du bist für mich ein weiterer Bruder, den ich nie hatte und. Ich bedanke mich für die Trainingseinheiten sowie die immer wieder mein Herz erleuchtenden und mich oft zum Lachen bringenden Gespräche mit dir.

Danke Ingmar!

Mag. Heimo Baugger, für die Korrekturen meiner vielen Texte während der Unterrichtseinheiten im Abendgymnasium Graz sowie auch die damit einhergehenden Ermutigungen mit den positiven Kommentaren erste schriftliche Werke auf MeinBezirk.at zu veröffentlichen.

Dieses Buch wäre niemals ohne den Deutschunterricht bei Ihnen zu Stande gekommen. Sie waren ein weiterer Funken, der die Leidenschaft für das Schreiben in mir (wieder) entzündet hat. Vor allem aber hat mich Ihr Unterricht mit den nötigen Fähigkeiten ausgestattet grammatikalisch (fast) fehlerfreie Texte zu schreiben. Ich werde sie immer als MEINEN Deutschlehrer in Erinnerung behalten und versuchen Sie mit dieser und weiteren Veröffentlichungen stolz zu machen.

Danke für den Kontakt mit Ihnen!

"DIE KORREKTORIN" Lektoratsbüro e.U, Mag. Heike Lang, BEd, vertreten durch Frau Mag. Elisabeth Blüml, für das Lektorat und die Korrektur des Buches.

Sie haben mich mit Ihrem sauberen und wortwörtlich auf den Punkt gebrachten Lektorat mit dem Selbstvertrauen ausgestattet, die Herausgabe von *„Lockdown"* tatsächlich in die Gänge zu leiten und das Buch zu veröffentlichen. Die Zusammenarbeit mit Ihnen war von Professionalität und Integrität geprägt, weshalb ich mit Ihnen meine persönlichen Lektorinnen gefunden habe. Ich freue mich daher schon auf weitere Projekte mit Ihnen.

Danke für alles, was Sie für mich getan haben!

Sanctus Munyaneza für die Fotografie und Erstellung des für mich immer noch bahnbrechendsten Covers in der Geschichte der KDP-Veröffentlichungen sowie der Fotografie der Pressefotos.

Die Art und Weise, mit der du die Platzierung der Gegenstände für das Foto, aber auch die Auswahl der verschiedenen Perspektiven in Angriff genommen hast, zeugt von einer Detailverliebtheit und künstlerischem Intellekt sondergleichen. Die schnelle Bearbeitung der Fotos, deine immerwährende Erreichbarkeit wie auch dein großzügiges Angebot die Arbeit unentgeltlich zu leisten, rechne ich dir hochgradig an und werde ich dir niemals vergessen. Ohne dich wäre die endgültige Ausgabe von *„Lockdown“* nicht in so einer hohen Qualität erschienen, wie sie es ist. Ich habe mit dir ein weiteres wertvolles Glied für meine zukünftigen Projekte gefunden.

Danke aus tiefstem Herzen Sanctus!

Mag. Dr. Thomas Sommerer, MA für das Durchsehen des Vordruckes und die wertvollen Hinweise für die visuelle Nachbearbeitung des Fließtextes.

Die Dinge, die dir aufgefallen sind, haben größten Wert für mich gehabt. Es waren genau jene Kleinigkeiten, die nur ein absoluter Meister seines Faches, so wie du es bist, sehen kann und die für den letzten Schliff des Werkes nötig waren. Was du machst, machst du gut!

Danke für deine konstante Hilfe über die letzten Jahre Thomas!

ChatGPT und stellvertretend der Firma OpenAI für die zahlreichen gut punktierten Antworten auf meine Fragen zum Veröffentlichungsprozess eines Buches.

Auf dieses Werkzeug ist immer Verlass gewesen und ich habe damit als Landkarte stets meine nächsten Schritte planen und umsetzen können. Ich muss gestehen, dass *„Lockdown“* es ohne die künstliche Intelligenz wohl nicht in dieser Form an die Öffentlichkeit geschafft hätte.

Danke dem gesamten Entwicklerteam für die Programmierung dieses revolutionären Tools!

Allen, mittlerweile zu einem großen Teil verstorbenen, Autorinnen und Autoren der deutschen Trümmerliteratur-Epoche, die mich mit ihren individuellen Werken dazu inspiriert haben, selber mit dem Schreiben von Kurzgeschichten beginnen.

Besonders erwähne ich an dieser Stelle Heinrich Böll, Wolfdietrich Schnurre, Elisabeth Langgässer, Ilse Aichinger, Siegfried Lenz, Friedrich Dürrenmatt, Gerd Gaiser, Wolfgang Bochert, Marie Luise Kaschnitz und Franz Fühmann. Eure Geister leben in mir weiter und werden sich auch in Zukunft der Erstellung der besten Schreibwerke widmen.

Danke für die Inspiration, die ihr in mir erweckt habt!

Aber am Ende gilt mein größter Dank dir, der du dieses Buch gekauft und gelesen hast!

Die Zeiten der Lockdowns waren für mich, wie für dich wahrscheinlich auch, mit großen psychischen Herausforderungen verbunden. Durch die Schilderungen meiner Erlebnisse und der damit einhergehenden Erkenntnisse hoffe ich dich angeregt zu haben, dir ebenfalls die Fragen zu stellen, die ich mir im Laufe der im Buch beschriebenen zwei Jahre gestellt habe. Damit glaube ich meinem Lebenssinn treu geblieben zu sein und für dich einen Unterschied gemacht zu haben. Und in erster Linie ist das meine Hauptintention mit der Niederschrift und Veröffentlichung von *„Lockdown“* gewesen. Der Sinn des Lebens ist es, dem Leben einen Sinn zu geben.

Danke für deine Unterstützung und damit Bestätigung, den Meinen umgesetzt zu haben!

Über den Autor

Danijel Okic wurde am 29. Oktober 1991 in Tuzla, Bosnien und Herzegowina geboren. Seine Eltern verließen mit ihm 1995 aufgrund des damals schon drei Jahre andauernden Bosnienkrieges das Land und begannen ein neues Leben als Flüchtlinge im sicheren und unabhängigen Staat Österreich.

Okic besuchte von 1998 bis 2006 die Grundschule in der Steiermark, einem Bundesland in Österreich, wo er im Deutschunterricht ein erstes Interesse für das Schreiben von Texten entwickelte. Allgemein waren es germanische Sprachen, die ihn faszinierten und so erlernte er auch die englische Sprache bereits sehr früh.

Erste Werke zu veröffentlichen begann der junge Autor dann erst 2016 über MeinBezirk.at, als er im Laufe der Ablegung seiner Reifeprüfung im Abendgymnasium Graz seine Leidenschaft für das Schreiben wieder entdeckte.

Konkrete Pläne ein Buch zu schreiben arbeitete Okic erst 2020 aus, als er im Zuge des ersten Corona-Lockdowns und der kurzweiligen Schließung seines Ausbildungsbetriebes ein erhöhtes Zeitkontingent zur Verfügung hatte.

In seiner Freizeit läuft und trainiert Danijel Okic leidenschaftlich gerne und nimmt Ersteres immer vor dem Schreiben von relevanten Texten in Angriff. Ansonsten verbringt der Autor seine Zeit mit Spaziergängen in der Natur und dem Lesen von Büchern und Texten, die ihm oft als Inspirationen für eigene Werke dienen.

Seine größte Leidenschaft sind allerdings Menschen. Er hat sein Leben deshalb diesen gewidmet und absolviert derzeit eine Ausbildung als Lebens- und Sozialberater. Allem voran fasziniert den Autor Philosophie, konkreter die Ontologie, die Lehre des Seins. Sein Lebensziel ist es diesen Ansatz speziell in Europa zu verbreiten und damit eine nachhaltige Veränderung im Bereich der Persönlichkeitsentwicklung zu schaffen.

Als seine stärksten Inspirationen nennt der junge Autor den Rap-Musiker Eminem sowie den Autor Gary John Bishop.

Impressum

Angaben gemäß § 5 TMG:

Danijel Okic
Wetzelsdorfer Straße 112/EG/1
8052 Graz
Österreich

Kontakt:

Telefon: +43 (0) 660 77 4 66 55
E-Mail: damaokic@yahoo.de
Instagram: @bosnianhool91
Facebook: Danijel Okic

Weitere Projekte:
MeinBezirk.at: https://www.meinbezirk.at/graz/profile-486720/danijel-okic?type=article
Webseite: www.hitlistreviews.com

Soweit die Inhalte auf dieser Seite nicht vom Betreiber erstellt wurden, werden die Urheberrechte Dritter beachtet. Insbesondere werden Inhalte Dritter als solche gekennzeichnet. Sollten Sie trotzdem auf eine Urheberrechtsverletzung aufmerksam werden, bitten wir um einen entsprechenden Hinweis. Bei Bekanntwerden von Rechtsverletzungen werden derartige Inhalte umgehend entfernt.

Lektorat: "DIE KORREKTORIN" Lektoratsbüro e.U., Geschäftsführung Mag. Heike Lang, BEd., vertreten durch und korrigiert von Mag. Elisabeth Blüml
Instagram: @diekorrektorin
Facebook: Die Korrektorin Lektoratsbüro & Sprachdienstleistungen Lang

Cover: Sanctus Munyaneza
Instagram: @sanctus_munyaneza
Facebook: Sanctus Munyaneza